혼자서도 연주하기 쉬운

스튜디오 지브리

바이올린 연주곡집

조미카 저

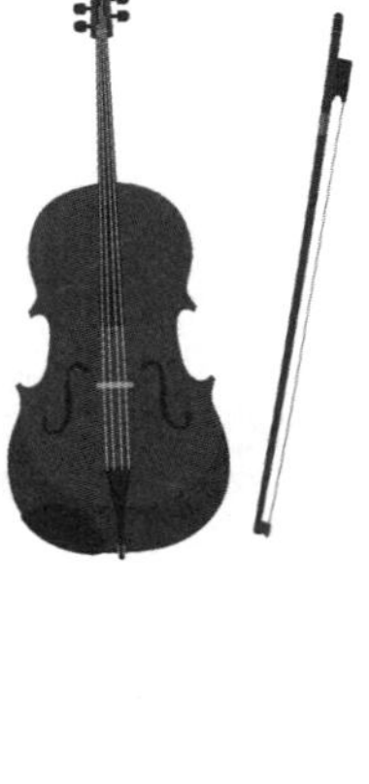

차 례

바이올린에 대해

바이올린 솔로 연주

바이올린 2중주 연주

머리말

안녕하세요. 사랑하는 바이올린 연주자 여러분!

이 교재를 선택해주셔서 진심으로 감사드립니다. 이 교재는 지브리 음악을 중심으로 구성되어 있으며, 스튜디오 지브리의 명작 애니메이션인 <이웃집 토토로>, <센과 치히로의 행방불명>, <하울의 움직이는 성> 등의 아름다운 선율을 바이올린 연주로 즐길 수 있도록 했습니다. 지브리 음악의 매력을 바이올린 학습에 접목시켜, 여러분이 더욱 즐겁고 흥미롭게 바이올린을 배울 수 있도록 이 교재를 만들었습니다.

초보자부터 숙련된 연주자까지 모두가 지브리의 감동적인 음악을 통해 연주의 기쁨을 느끼길 바랍니다. 바이올린 솔로와 2중주로 구성되어 있으며, 초보자도 쉽게 연주할 수 있도록 1 포지션에서 연주 가능하도록 편곡되었습니다. 각 곡마다 손가락 번호와 활 위치, 활 쓰기 등을 제공하여 지브리 음악을 아름답게 연주할 수 있도록 도와줍니다.

바이올린 연주는 기술을 넘어서 마음을 표현하는 예술입니다. 이 교재를 통해 지브리 음악을 연주하며 그 감동을 느끼고, 자신의 음악으로 표현해 나가길 응원합니다. 여러분의 음악 여정에 작은 도움이 되기를 바랍니다.

교재를 출간할 수 있게 힘을 보태준 구박 교수님과 피아니스트 주은정님, 2중주 영상을 함께 한 나의 제자 이다솜양 그리고 출판의 전 과정을 함께 해준 태림스코어 관계자분들께 깊은 감사를 전합니다.

여러분의 아름다운 연주가 세상에 울려 퍼지길 기대합니다.

감사합니다.

저자

조미카

· 교재활용방법 ·

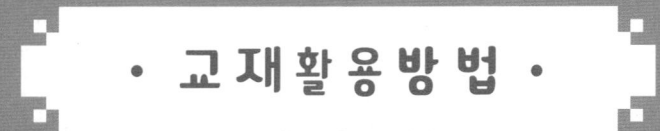

바이올린만으로도 완벽한 스튜디오 지브리 연주가 가능합니다.

1

스튜디오 지브리의 감성을 그대로 전달하기 위해, 원곡에서 오케스트라의 반주가 시작되는 부분부터 바이올린 연주로 시작하도록 하였습니다.

2

악보에 있는 코드를 활용하여 피아노 혹은 다른 악기와 함께 좀 더 풍성한 연주가 가능합니다.

3

바이올린 초급자도 쉽게 지브리 음악을 느낄 수 있도록 포지션 이동 없이 1 포지션에서 연주 가능합니다.

4

연주 시작하기 전 활 쓰기를 미리 연습하고 악보에 표기된 손가락 번호와 올림활과 내림활, 슬러 등 활 쓰는 방법들을 참고하여 연주하길 추천드립니다.

5

바이올린 2중주에 있어서는 1 바이올린과 2 바이올린의 비중을 서로 동등하게 구성하여 각각의 파트에서 지브리의 멜로디를 모두 느끼며 연주할 수 있습니다.

6

각 곡마다 혼자서도 연습 가능하도록 QR코드를 수록해 전체 연주 영상을 제공합니다. 악보와 함께 연습하는데 도움이 될 것입니다. 특히 자주 연주되는 곡들은 손가락 위치가 잘 보이도록 클로즈업된 영상도 수록하였습니다.

혼자서 연습하고 연주하는 것은 때로는 외롭고 힘든 일이 될 수 있습니다.
교재를 잘 활용하여 스튜디오 지브리 곡들을 바이올린으로 멋지게 연주하시길 기대합니다.

바이올린에 대해

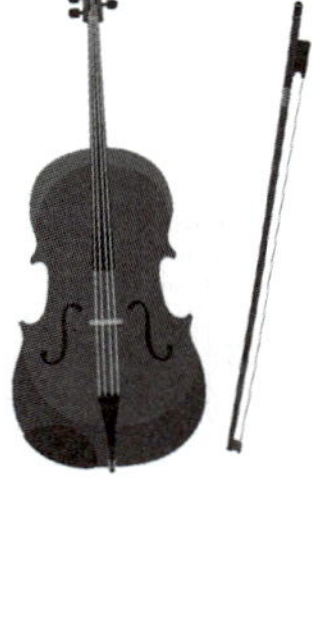

1. 바이올린 몸통

1) 구조와 명칭

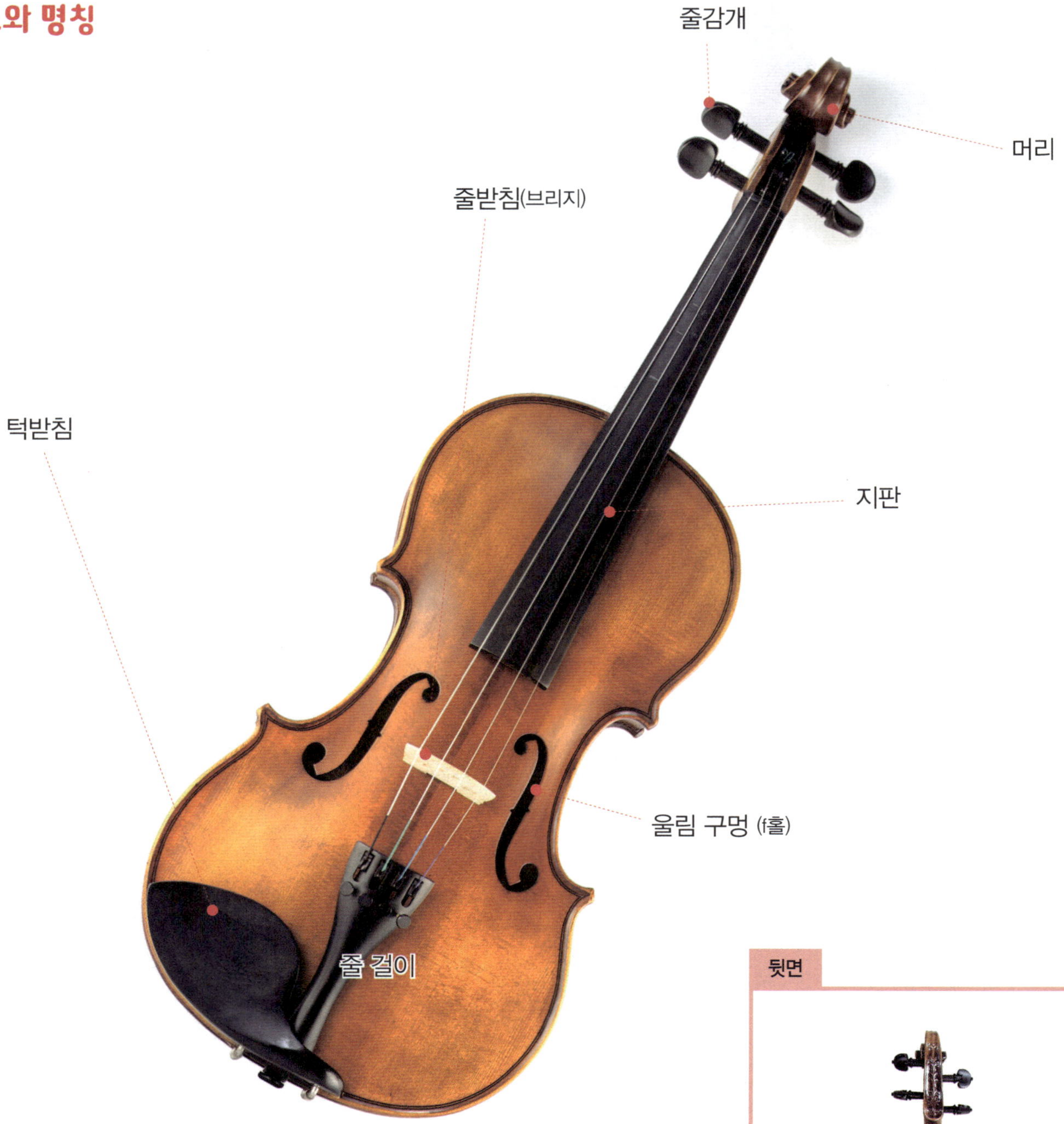

뒷면

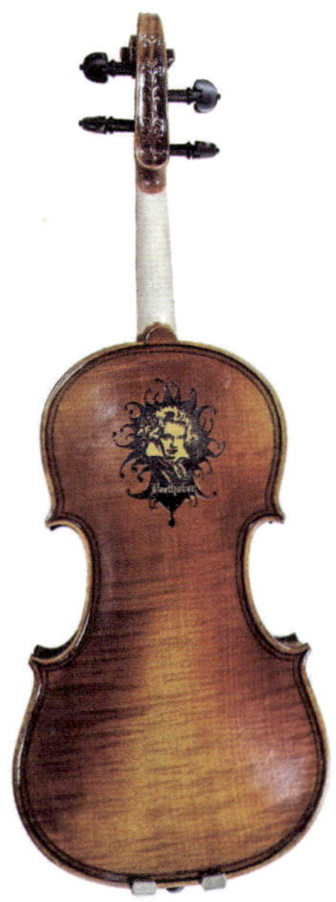

어깨 받침의 넓은 쪽이 바이올린 뒷판의 오른쪽(턱받침이 있는 쪽)으로 향하게 끼워서 사용합니다.

2. 바이올린 활

1) 구조와 명칭

𝅝(온음표), 𝅗𝅥(2분음표)는 W.B.(온 활)을 사용하고, ♩(4분음표), ♪(8분음표), 𝅘𝅥𝅯(16분음표)가 함께 있는 경우에는 긴 음표는 W.B.(온 활)을 사용합니다. 짧은 음표는 U.H., L.H.(반 활), 또는 M(중간 활), P(활 끝), N(활 밑)을 사용합니다.

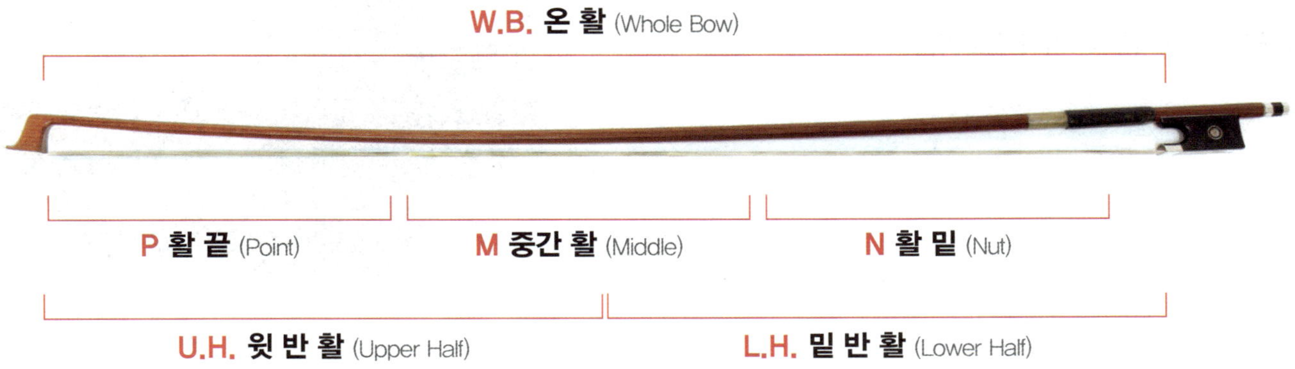

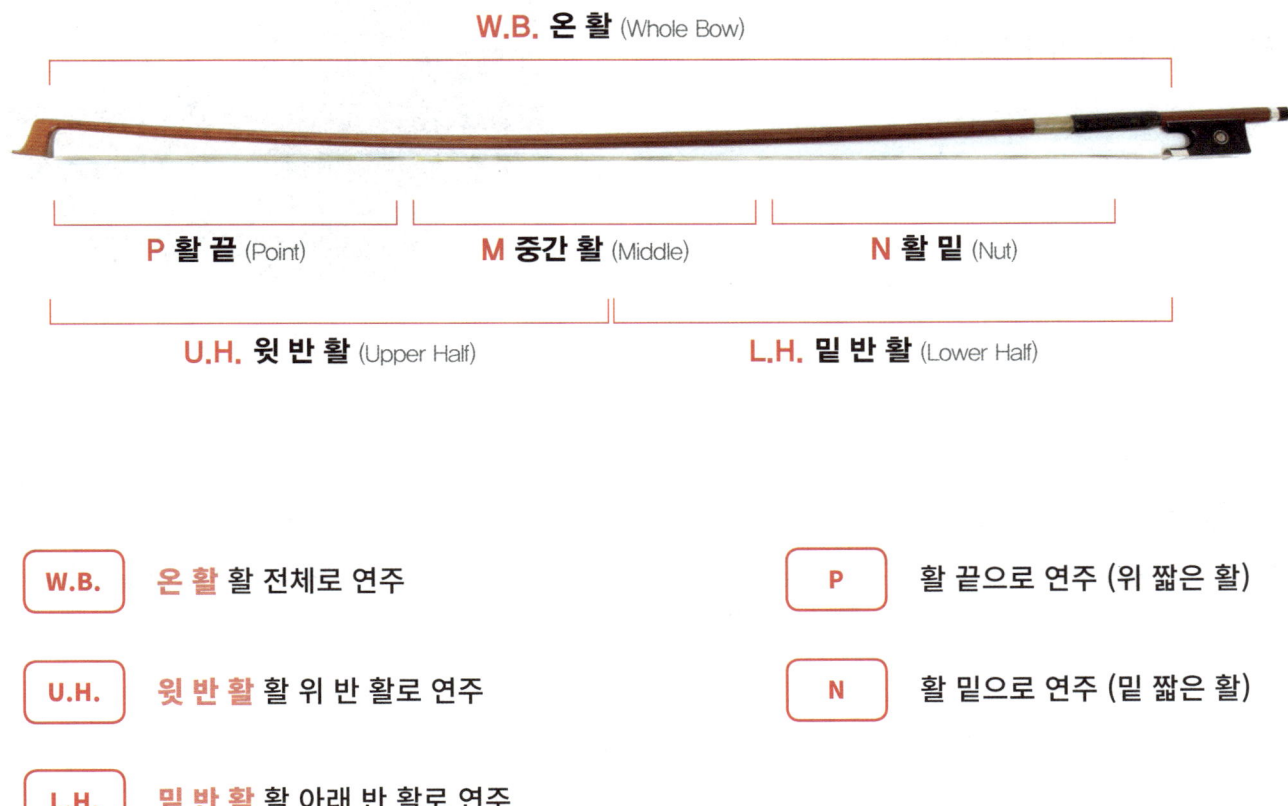

W.B.	온 활 활 전체로 연주
U.H.	윗 반 활 활 위 반 활로 연주
L.H.	밑 반 활 활 아래 반 활로 연주
P	활 끝으로 연주 (위 짧은 활)
N	활 밑으로 연주 (밑 짧은 활)

2) 기호

⊓ 내림활 (Down Bow) 활 위에서 활 아래로 내리는 활

V 올림활 (Up Bow) 활 아래에서 활 위로 올리는 활

TIP ⊓(내림활)과 V(올림활), 활 위치를 지켜 연주하면 지브리 애니메이션 음악의 음색을 더 아름답게 표현할 수 있습니다.

3. 활의 각도와 위치

활 연습은 바이올린 연습 시작의 매우 중요한 부분입니다. 악보에 표기된 W.B.(온 활), U.H.(윗 반 활) L.H.(밑 반 활), P(활 끝), N(활 밑) 위치를 지키면 정확한 리듬으로 연주할 수 있습니다. 각 줄의 위치에 따라 활 각도와 오른쪽 팔꿈치를 함께 이동해주면 부드럽고 세련된 소리를 연주하는데 도움이 됩니다. 연주 전 아래에 있는 활 쓰기를 연습하고 시작합니다.

1) 4번줄 G현

- **활의 각도**와 **위치**를 꼭 기억하고 연습합니다.

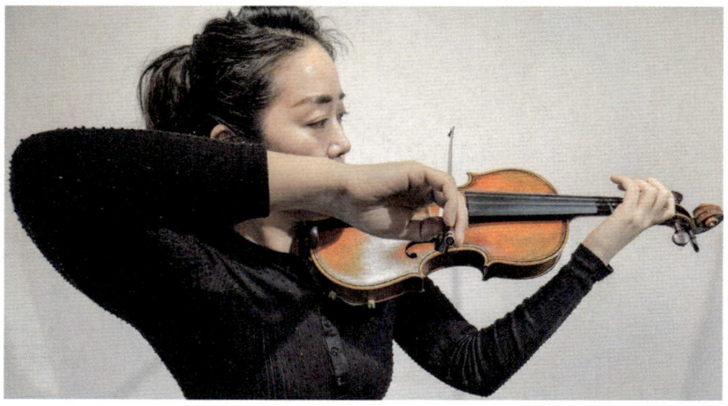

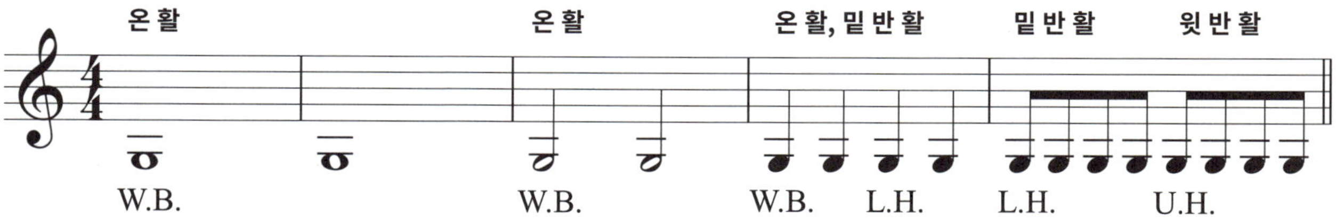

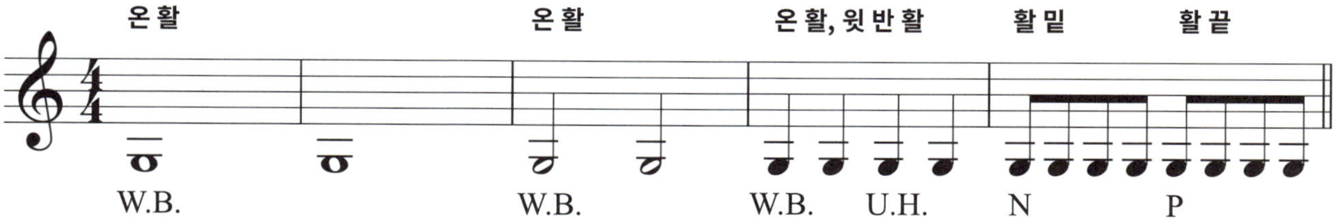

(1) 활의 각도

오른쪽 팔꿈치와 활을 잡은 손목은 수평이 되도록 하고, 4번줄(G현) 높이만큼 오른쪽 팔꿈치를 올려 활 쓰기 합니다.

(2) 활 쓰기

개방현에서 활 전체를 사용하여 음 길이에 따라 W.B(온 활), 반 활, 활 밑 등 다양하게 연습합니다. 활 털과 줄이 잘 밀착되도록 활의 무게를 느끼면서 연습합니다.

(3) 4번줄 (솔, G) 연습하기

① 음표, 박자를 소리 내어 연습합니다.

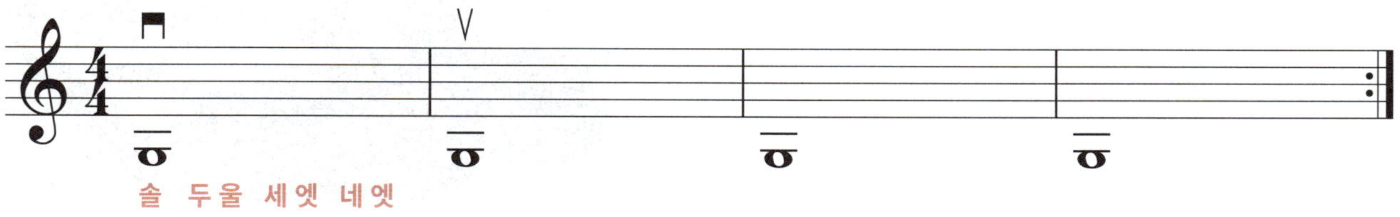

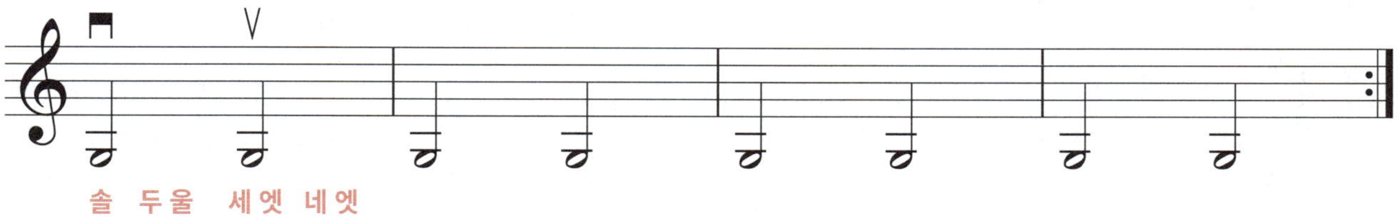

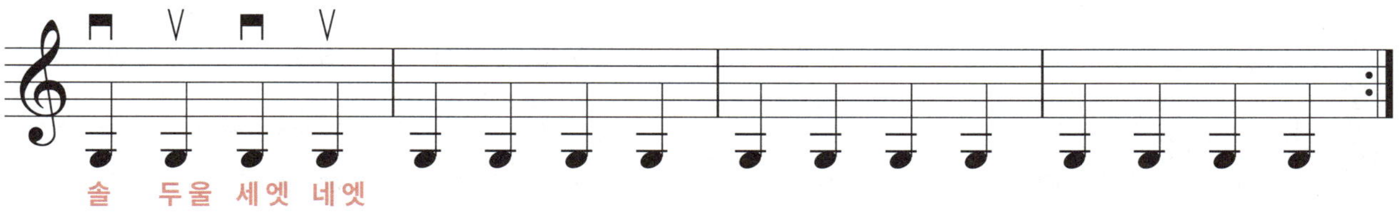

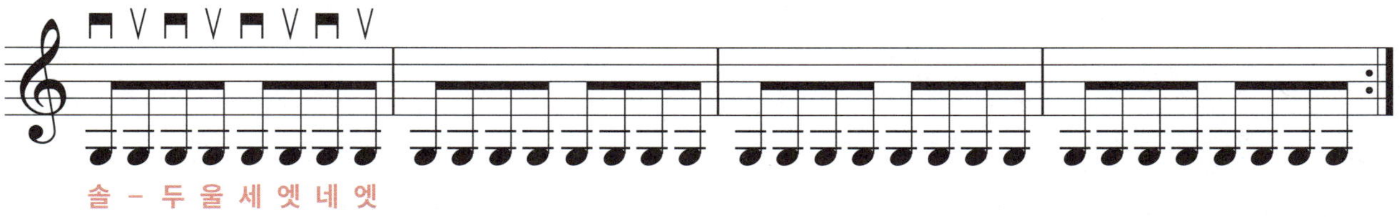

② W.B.(온 활)로 연습합니다.

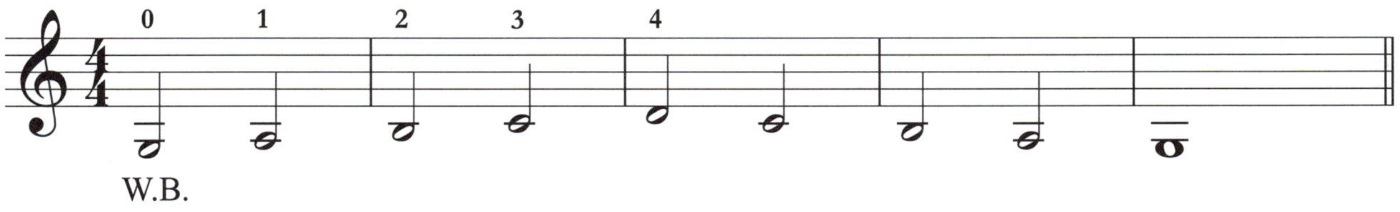

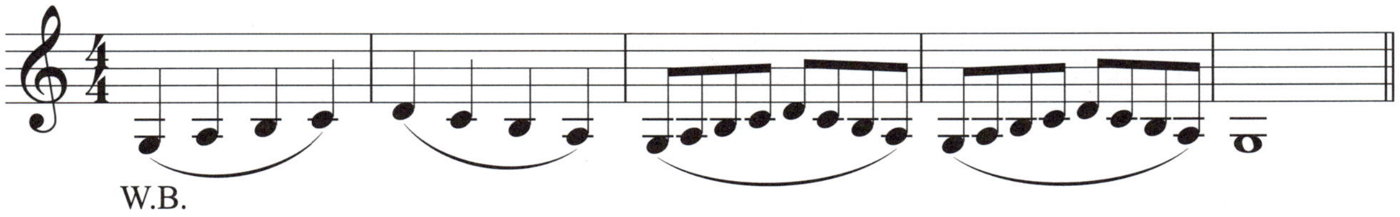

2) 3번줄 D현

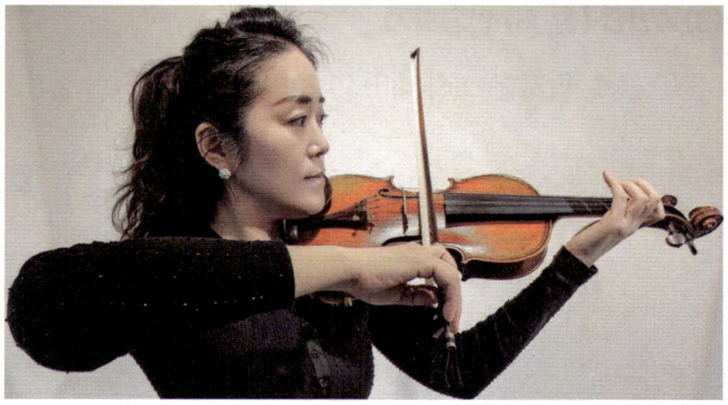

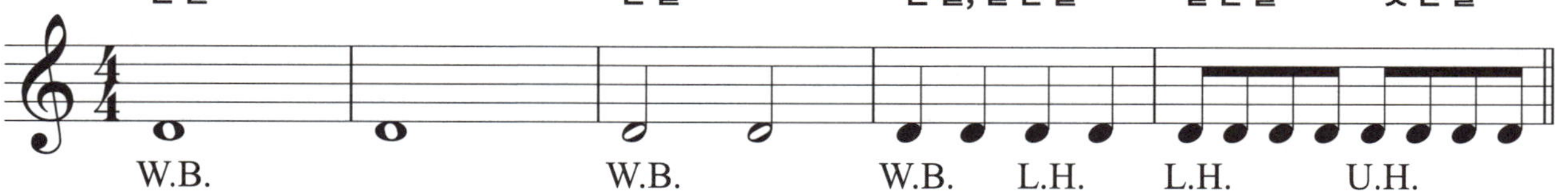

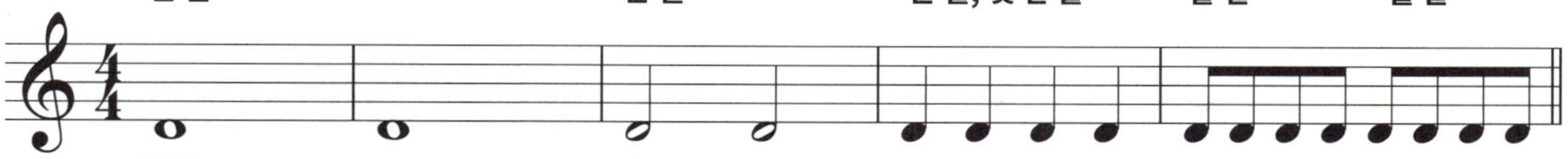

(1) 활의 각도

오른쪽 팔꿈치와 활을 잡은 손목은 수평이 되도록 하고, 3번줄(D현) 높이만큼 오른쪽 팔꿈치를 올려 활 쓰기 합니다.

(2) 활 쓰기

오른쪽 팔의 무게를 활대 위에 올려주고, 활과 줄이 수직이 되도록 아래 위로 활 쓰기 합니다.

(3) 손목 힘 빼기

활을 잡은 손가락과 손목에 힘을 빼고 활 쓰기 합니다.

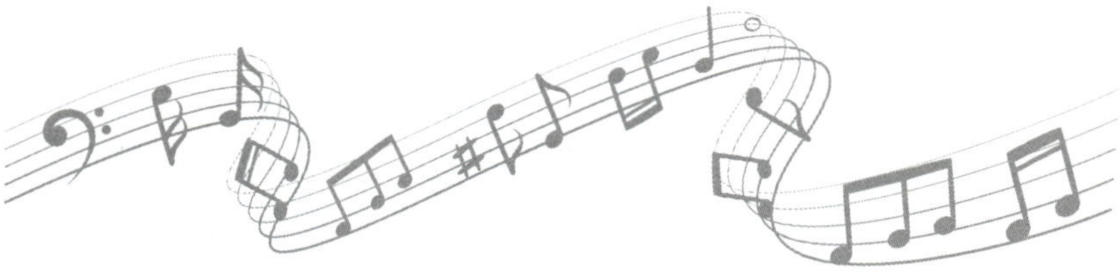

(4) 3번줄 (레, D) 연습하기

① 음표, 박자를 소리 내어 연습합니다.

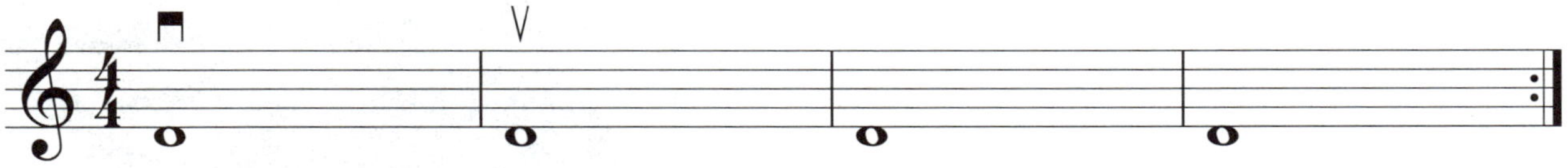

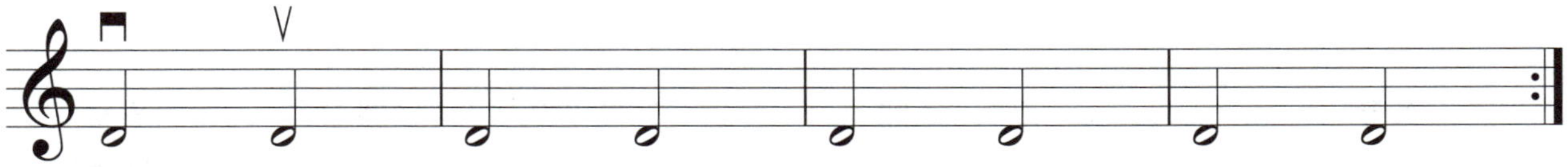

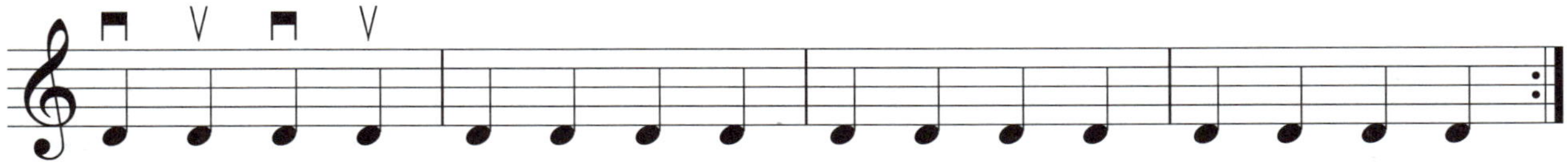

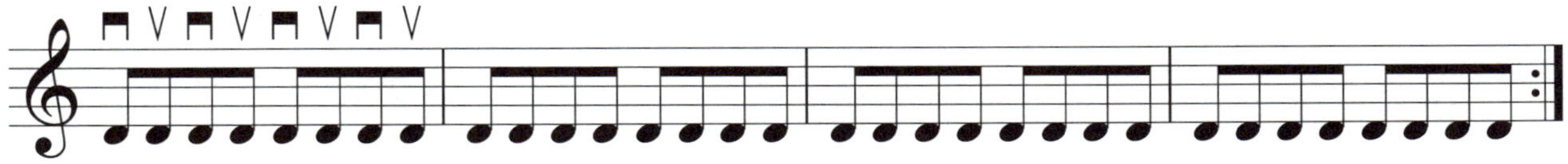

② W.B.(온 활)로 연습합니다.

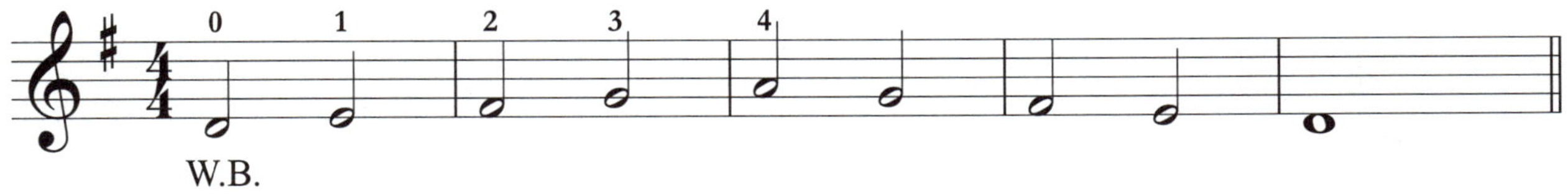

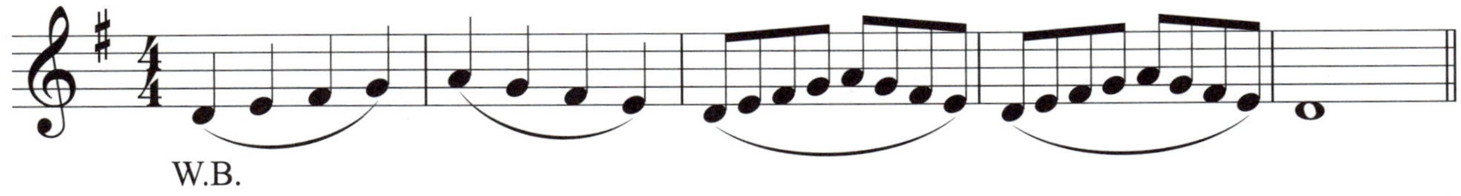

3) 2번줄 A현

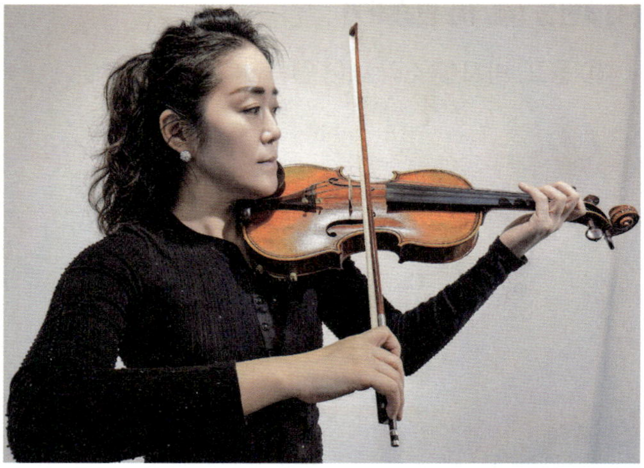

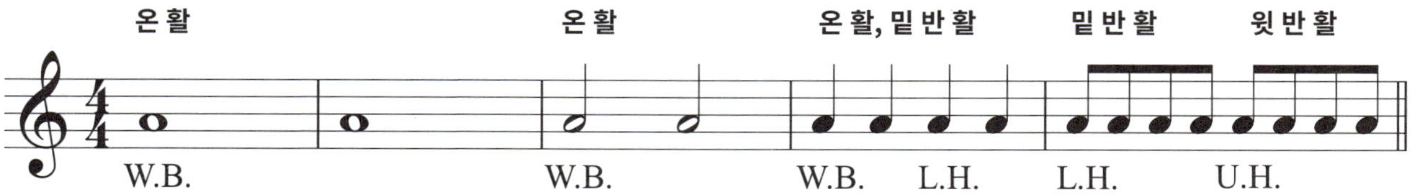

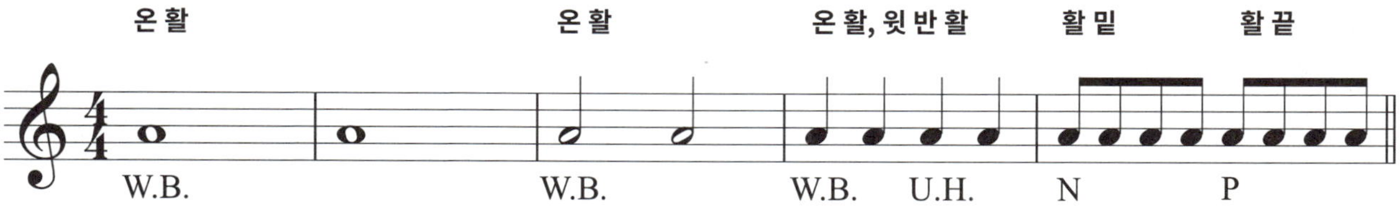

(1) 활의 각도

오른쪽 팔꿈치와 활을 잡은 손목이 수평이 되도록 하고, 2번줄(A현) 높이에 오른쪽 팔이 위치하도록 활 쓰기 합니다.

(2) 활 쓰기

활과 줄이 수직이 되도록 일자 모양으로 아래 위로 활 쓰기 합니다.

> **TIP** 다른 줄에 활이 부딪히지 않도록 오른쪽 팔꿈치 각도를 줄 위치에 맞게 조절해 줍니다.

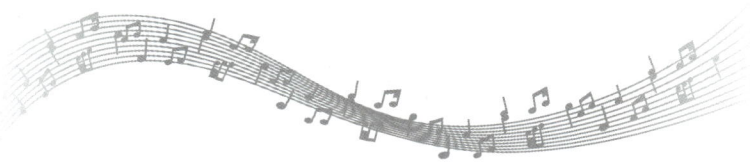

(3) 2번줄 (라, A) 연습하기

① 음표, 박자를 소리 내어 연습합니다.

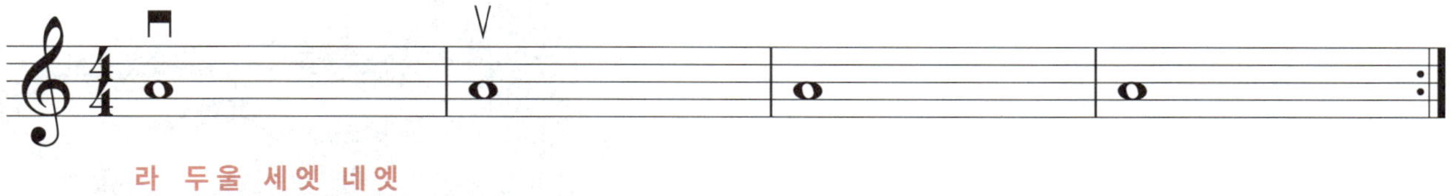

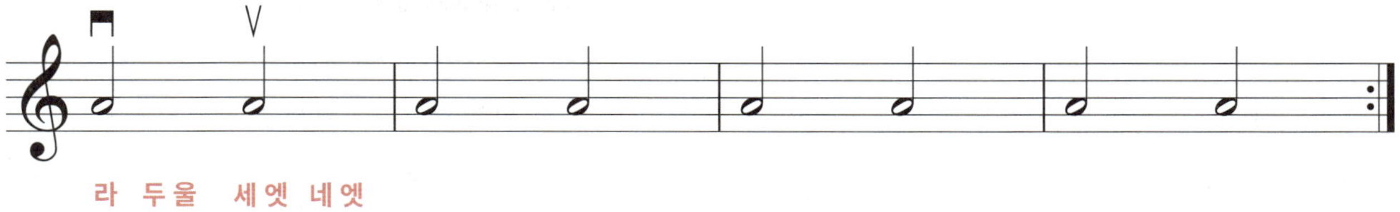

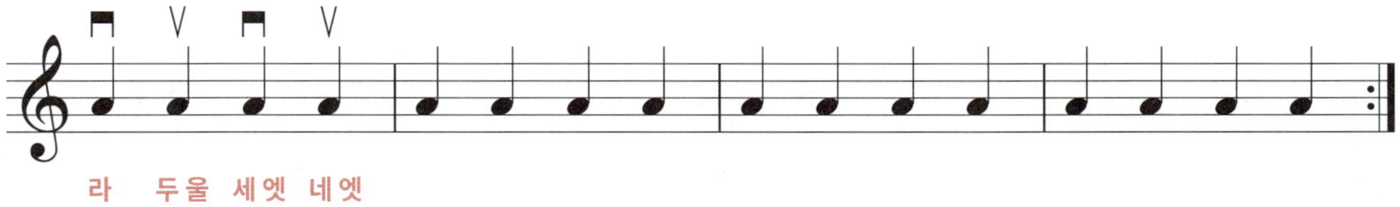

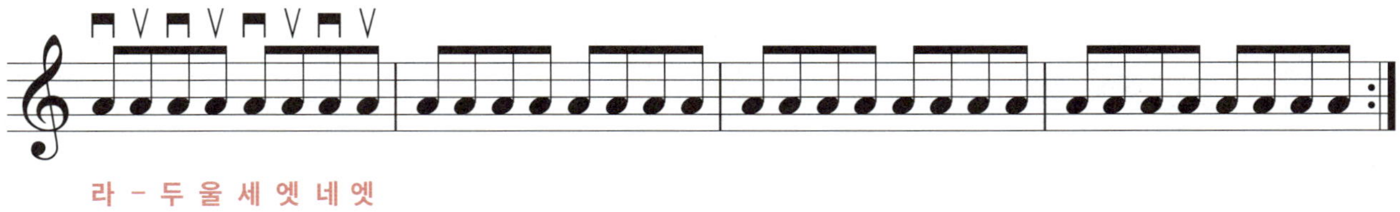

② W.B(온 활)로 연습합니다.

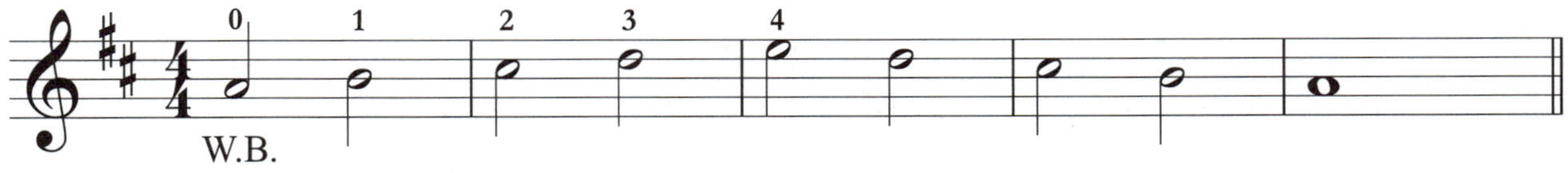

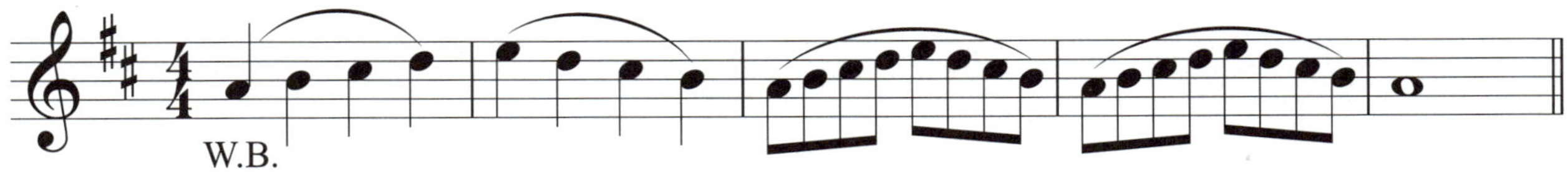

4) 1번줄 E현

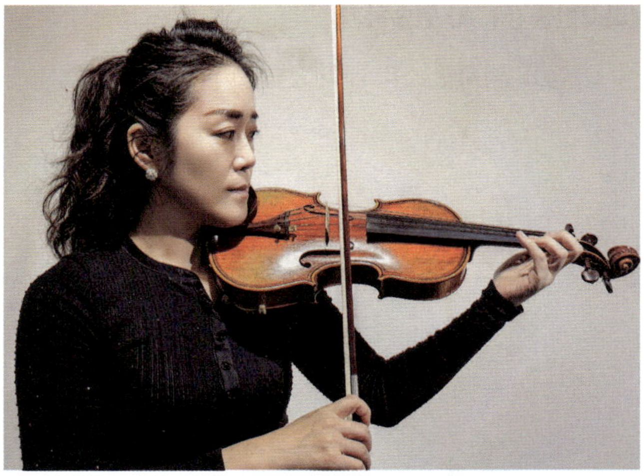

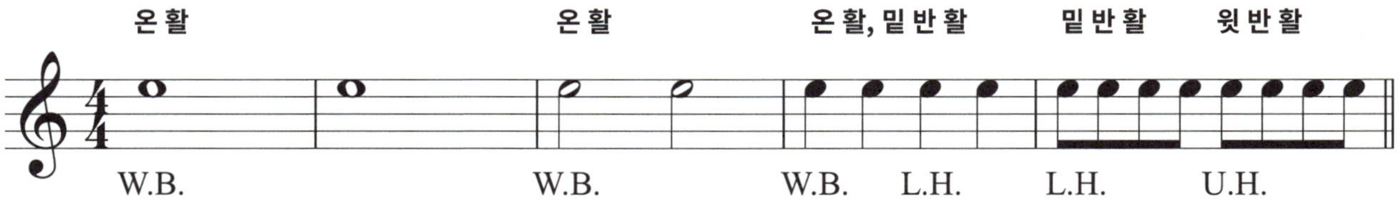

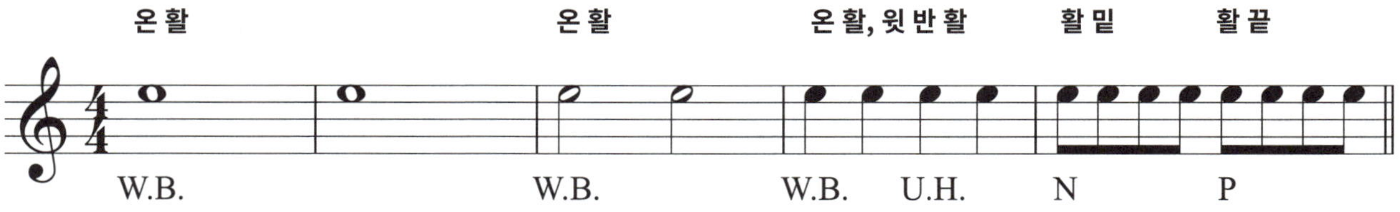

(1) 활의 각도

오른쪽 팔꿈치와 활을 잡은 손목은 수평이 되도록 하고,, 오른쪽 겨드랑이와 가까운 위치에서 활 쓰기 합니다.

(2) 활 쓰기

활과 줄은 수직이 되도록 하며, 음 길이에 따라 활의 위치를 고려하여 연주합니다.

TIP 활을 잡은 엄지손가락과 새끼손가락은 힘을 빼고 둥글게 잡습니다.

(3) 1번줄 (미, E) 연습하기

① 음표, 박자를 소리 내어 연습합니다.

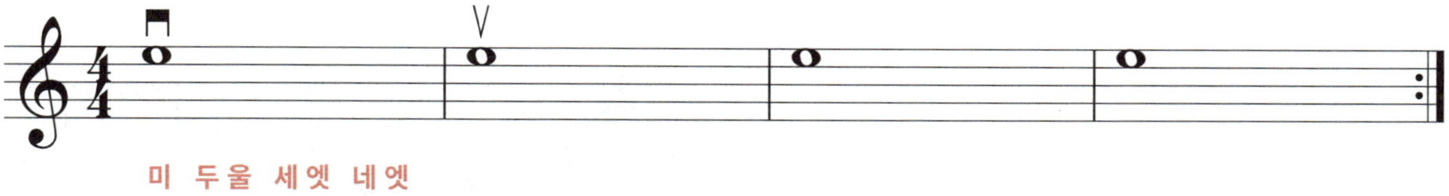

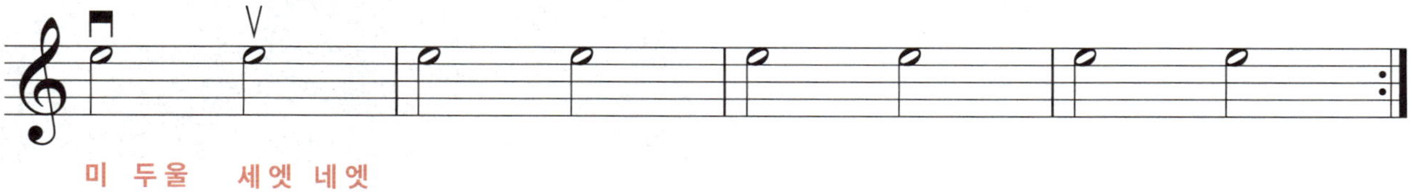

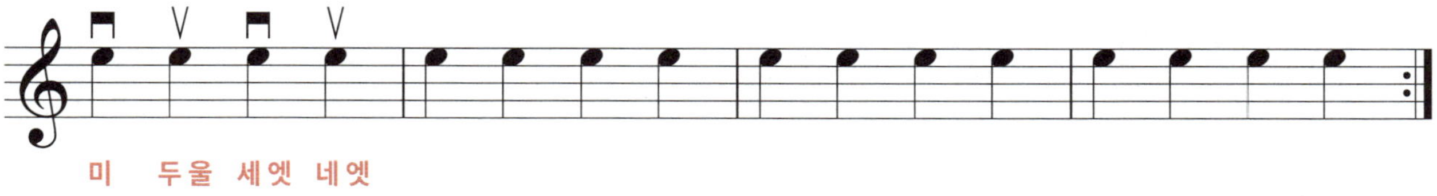

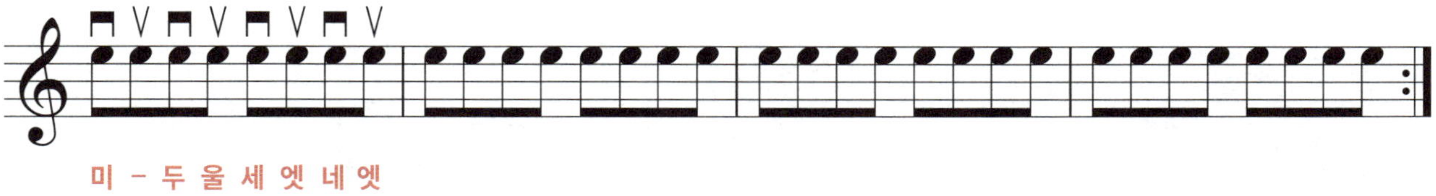

② W.B.(온 활)로 연습합니다.

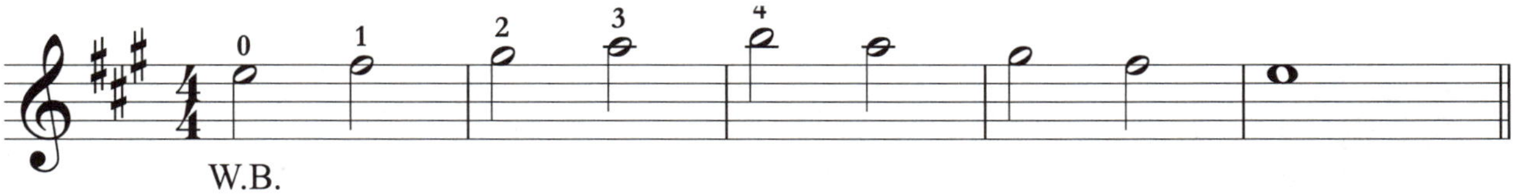

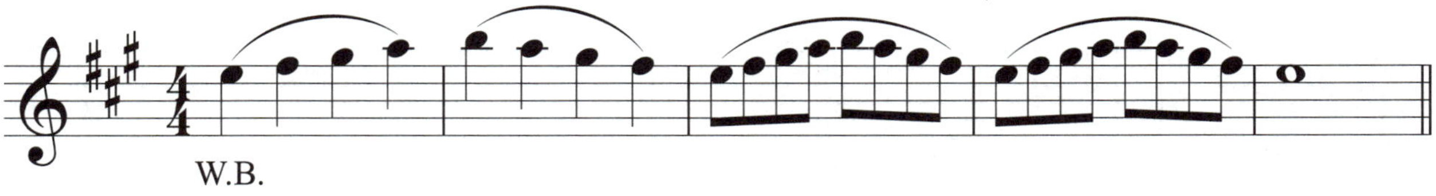

4. 연주 기호

pizz. (피치카토)

연주 방법

곡 중간에 pizz.(피치카토)를 해야 하는 경우, 검지손가락 뒤로 활을 보내고 검지손가락으로 지판 위에서 줄을 살짝 뜯는 듯이 튕겨줍니다. 악보에 arco(아르코) 표기가 나오면 다시 활을 사용하여 연주합니다.

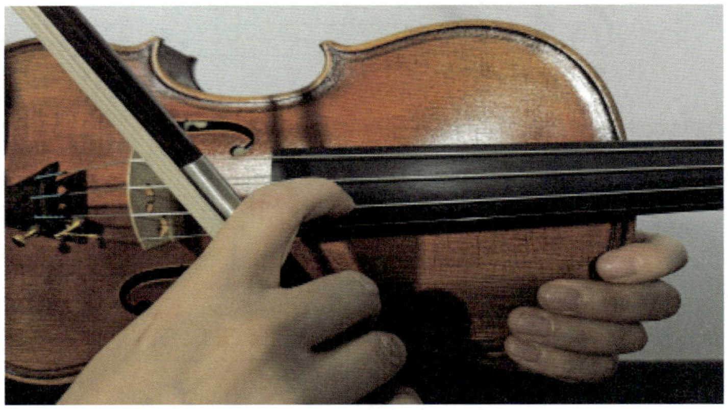

* 연주하기 전 미리 pizz.(피치카토) 연습을 합니다.

❶
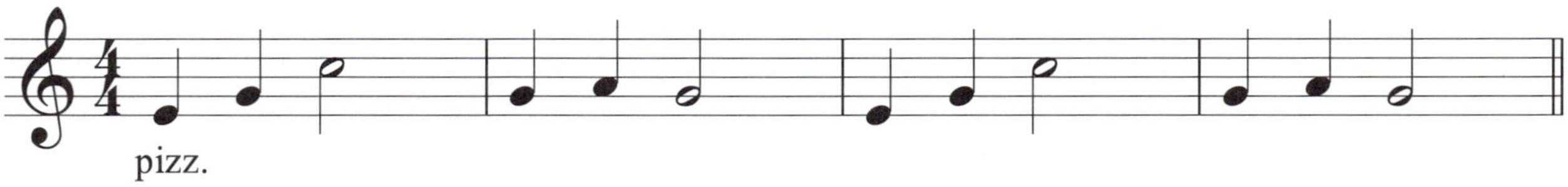

❷
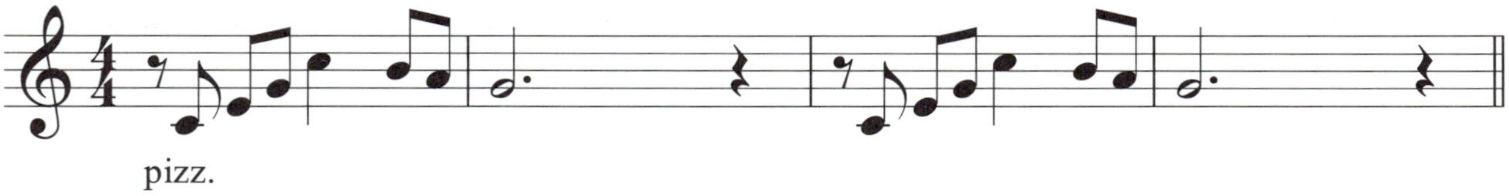

❸
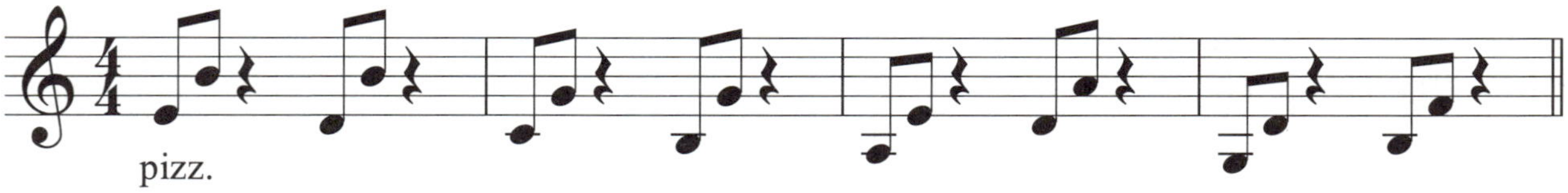

❹
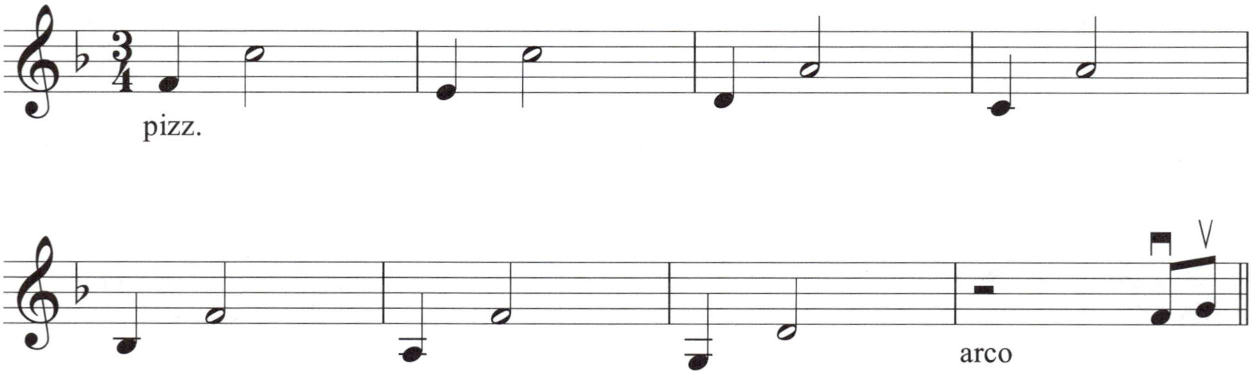

5. 당김음과 엇박자

* 지브리 원곡의 느낌을 최대한 표현하기 위해 미리 연습합니다.

❶ 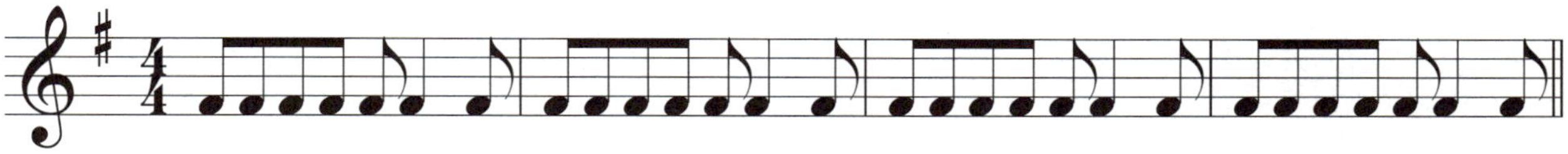

❷ 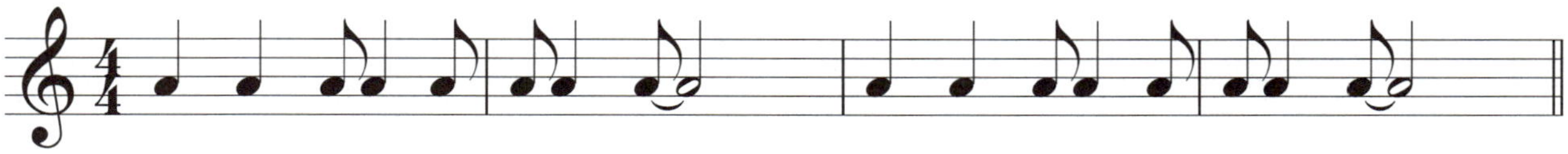

❸ 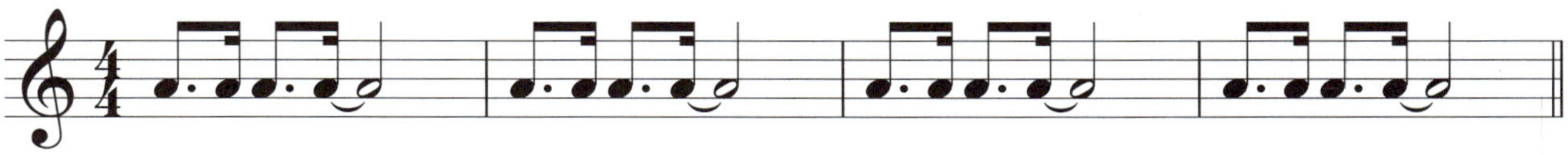

❹ 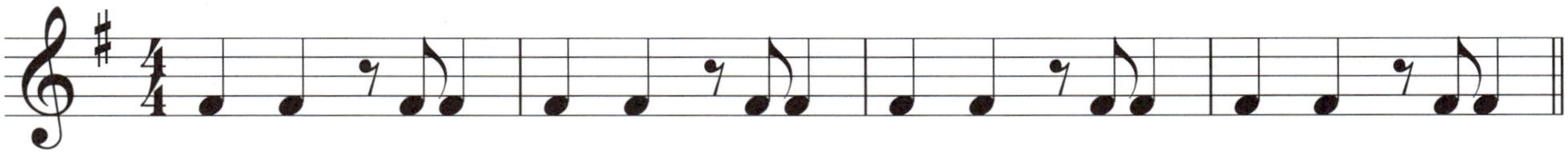

❺ 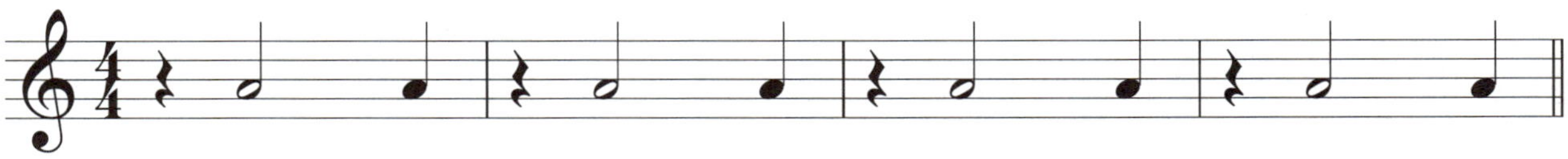

❻ 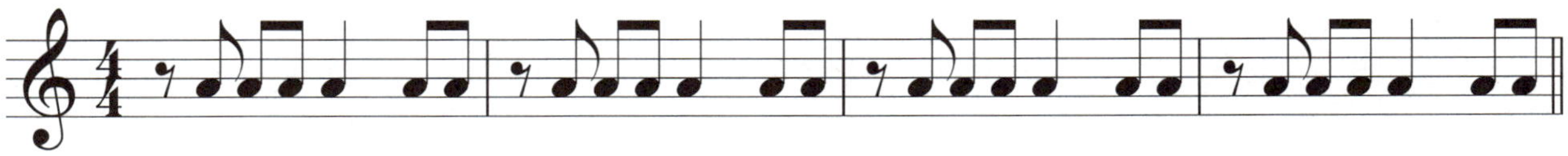

바이올린 솔로 연주

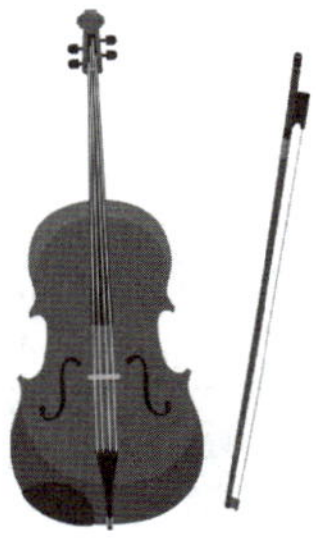

모범 연주 운지법

마녀 배달부 키키 OST

바다가 보이는 마을

• G(솔)현과 D(레)현에서 연주할 때 오른쪽 팔꿈치는 각 현 위에 위치하도록 움직여줍니다.

Hisaishi Joe 작곡

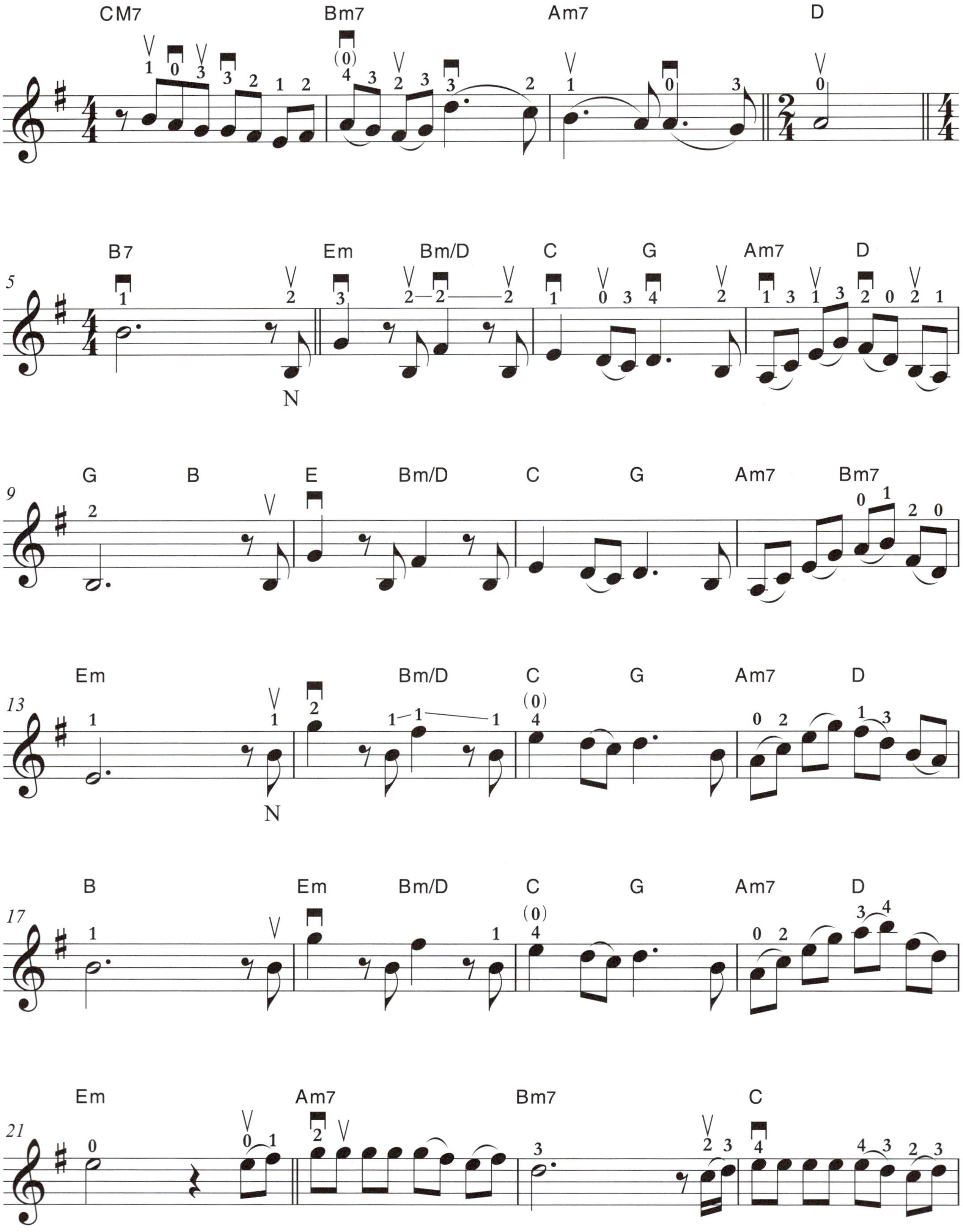

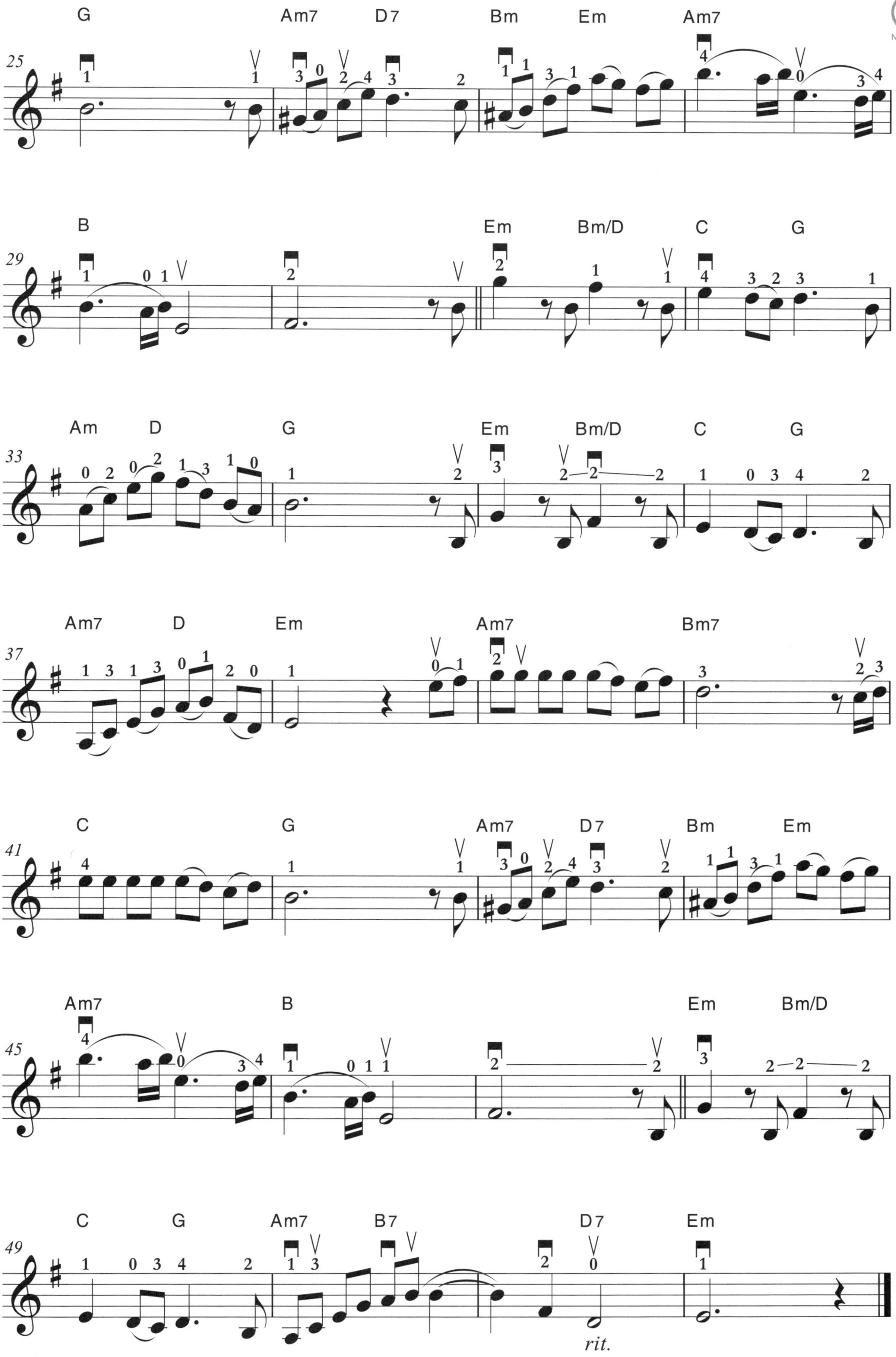
G Am7 D7 Bm Em Am7
B Em Bm/D C G
Am D G Em Bm/D C G
Am7 D Em Am7 Bm7
C G Am7 D7 Bm Em
Am7 B Em Bm/D
C G Am7 B7 D7 Em
rit.

모범 연주 운지법

마녀 배달부 키키 OST

일 시작

Hisaishi Joe 작곡

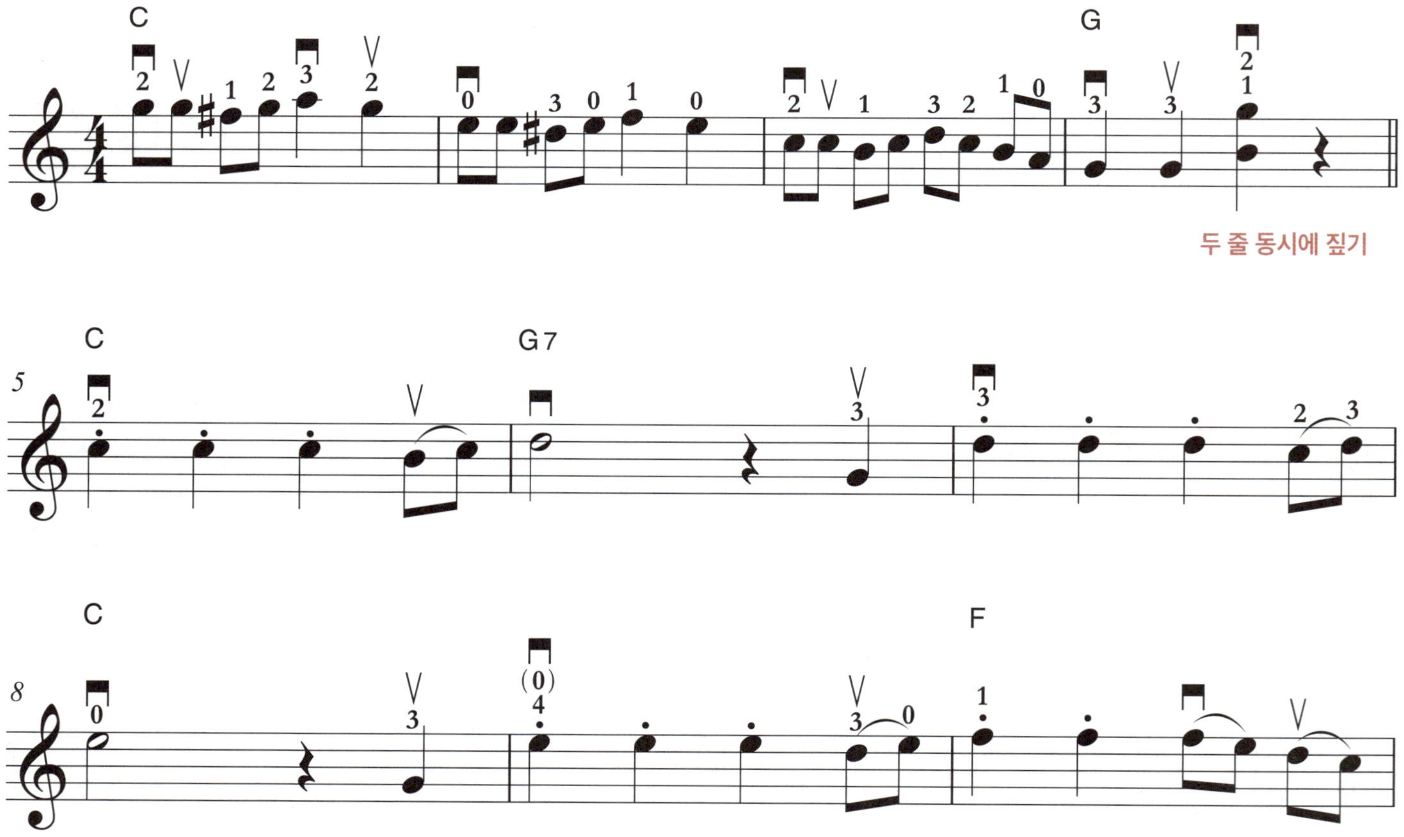

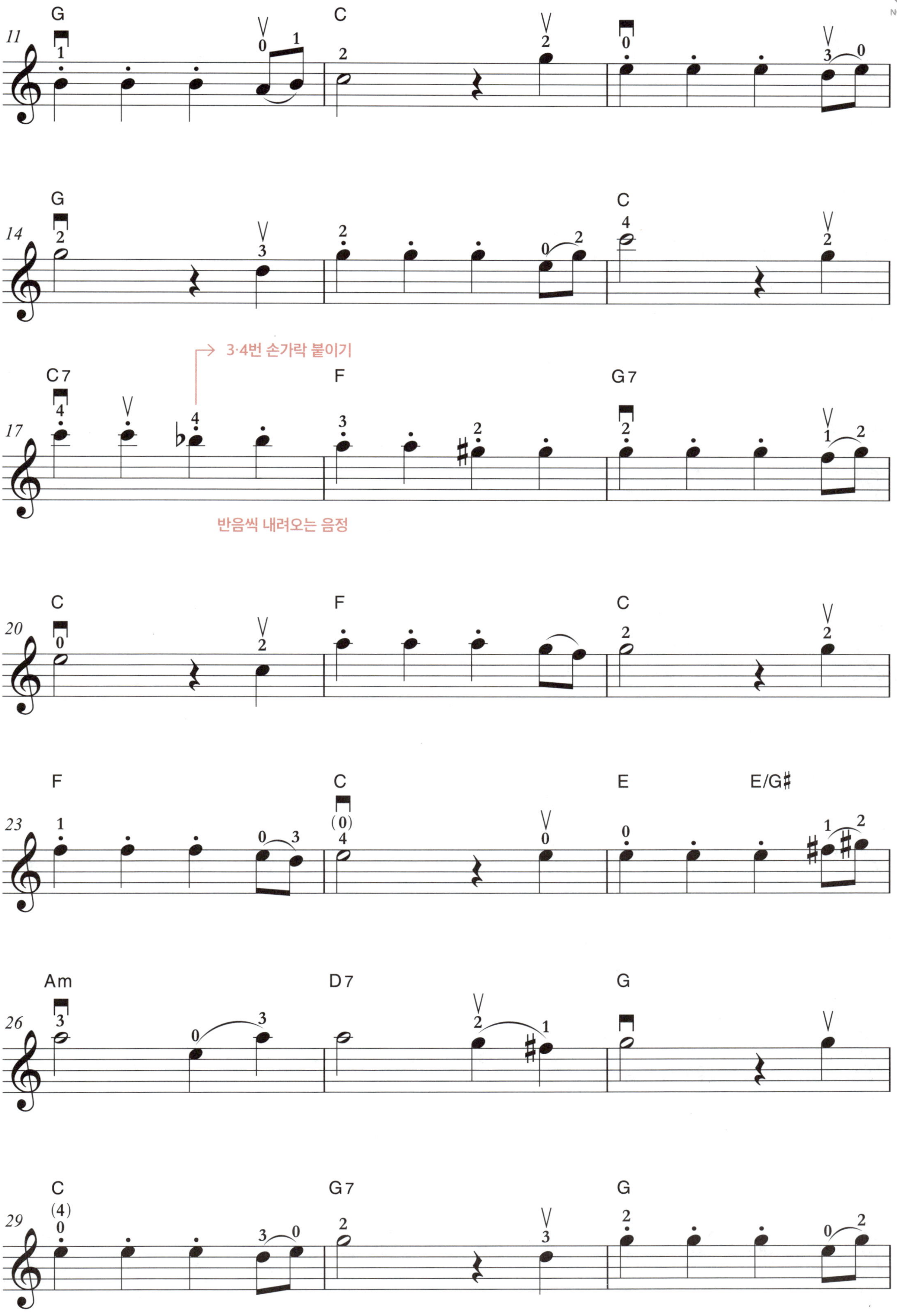
G
C
G
C
C7
3·4번 손가락 붙이기
F
G7
반음씩 내려오는 음정
C
F
C
F
C
E
E/G♯
Am
D7
G
C
G7
G

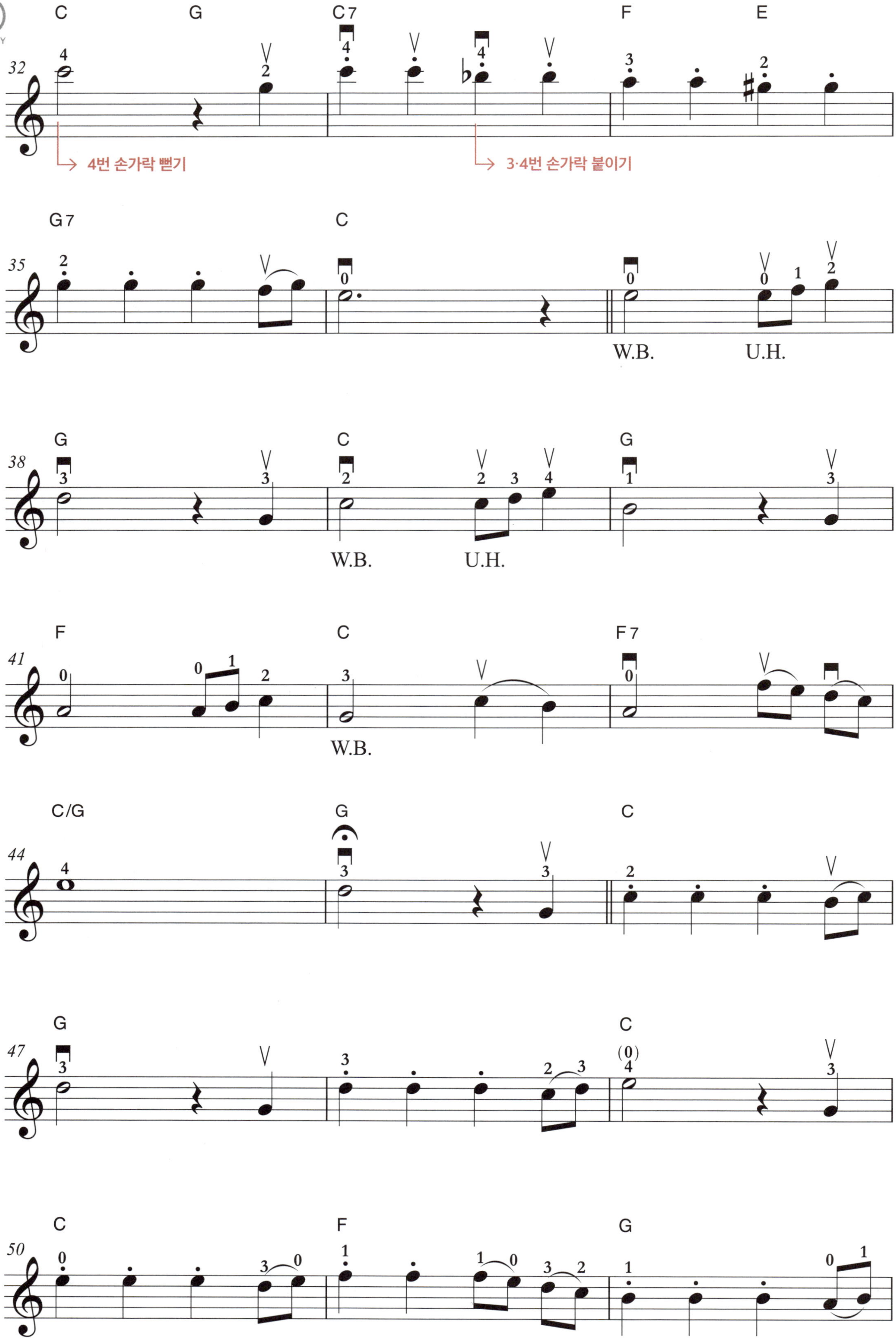
C G C7 F E
4번 손가락 뻗기
3·4번 손가락 붙이기
G7 C
W.B.
U.H.
G C G
W.B.
U.H.
F C F7
W.B.
C/G G C
G C
C F G

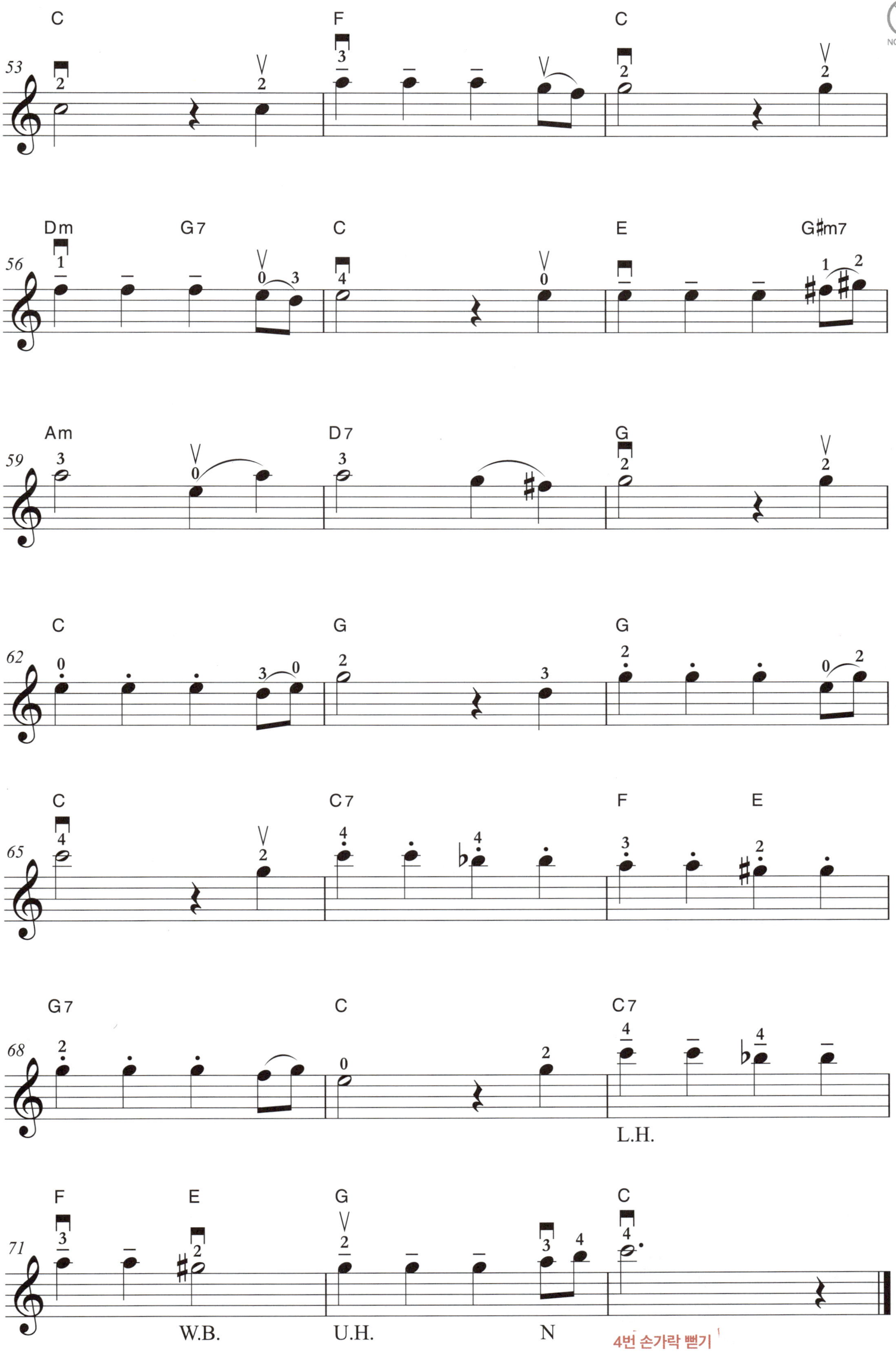
C F C
Dm G7 C E G♯m7
Am D7 G
C G G
C C7 F E
G7 C C7
L.H.
F E G C
W.B.
U.H.
N
4번 손가락 뻗기

모범 연주 운지법

센과 치히로의 행방불명 OST

언제나 몇 번이라도

Kimura Yumi 작곡

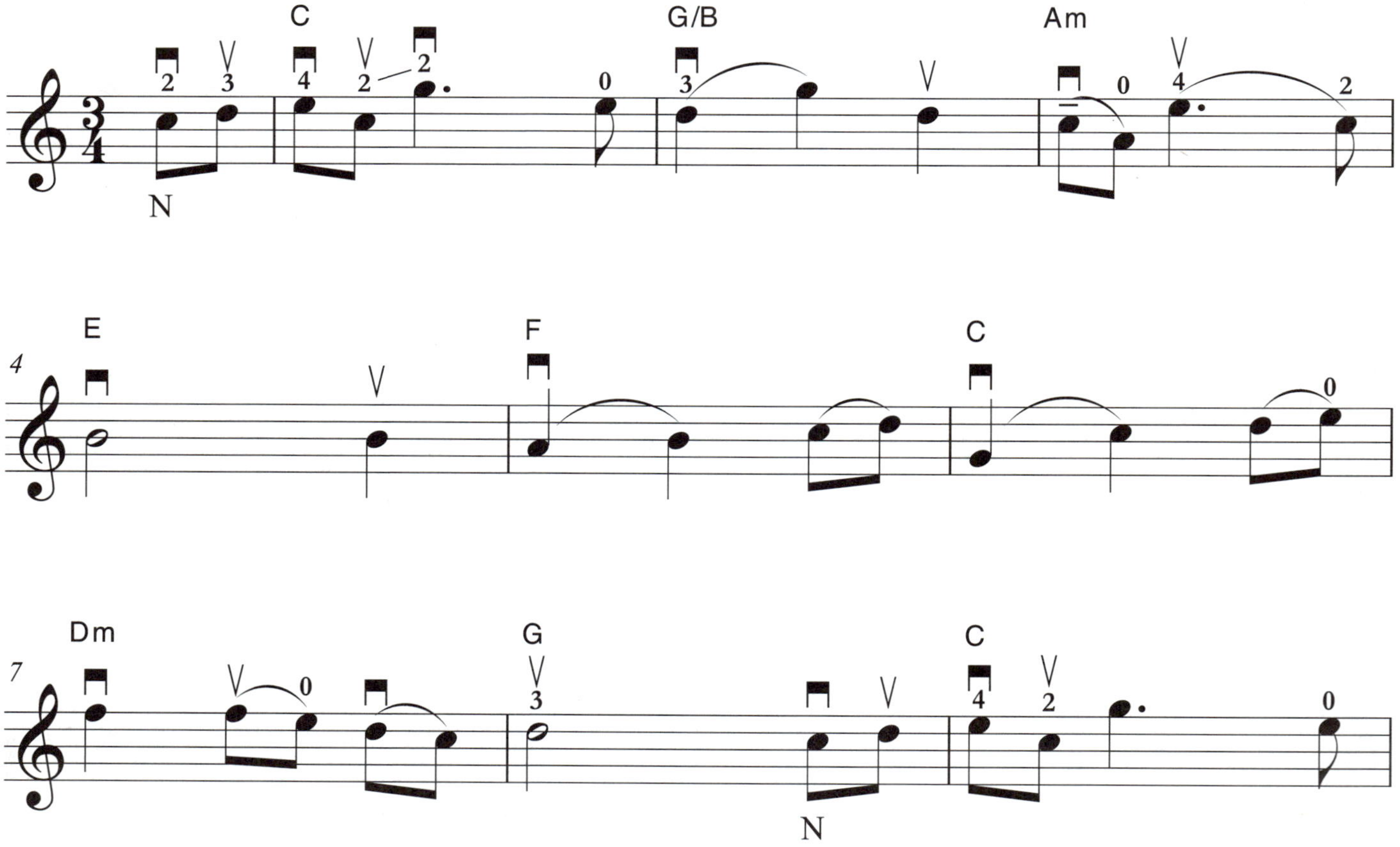

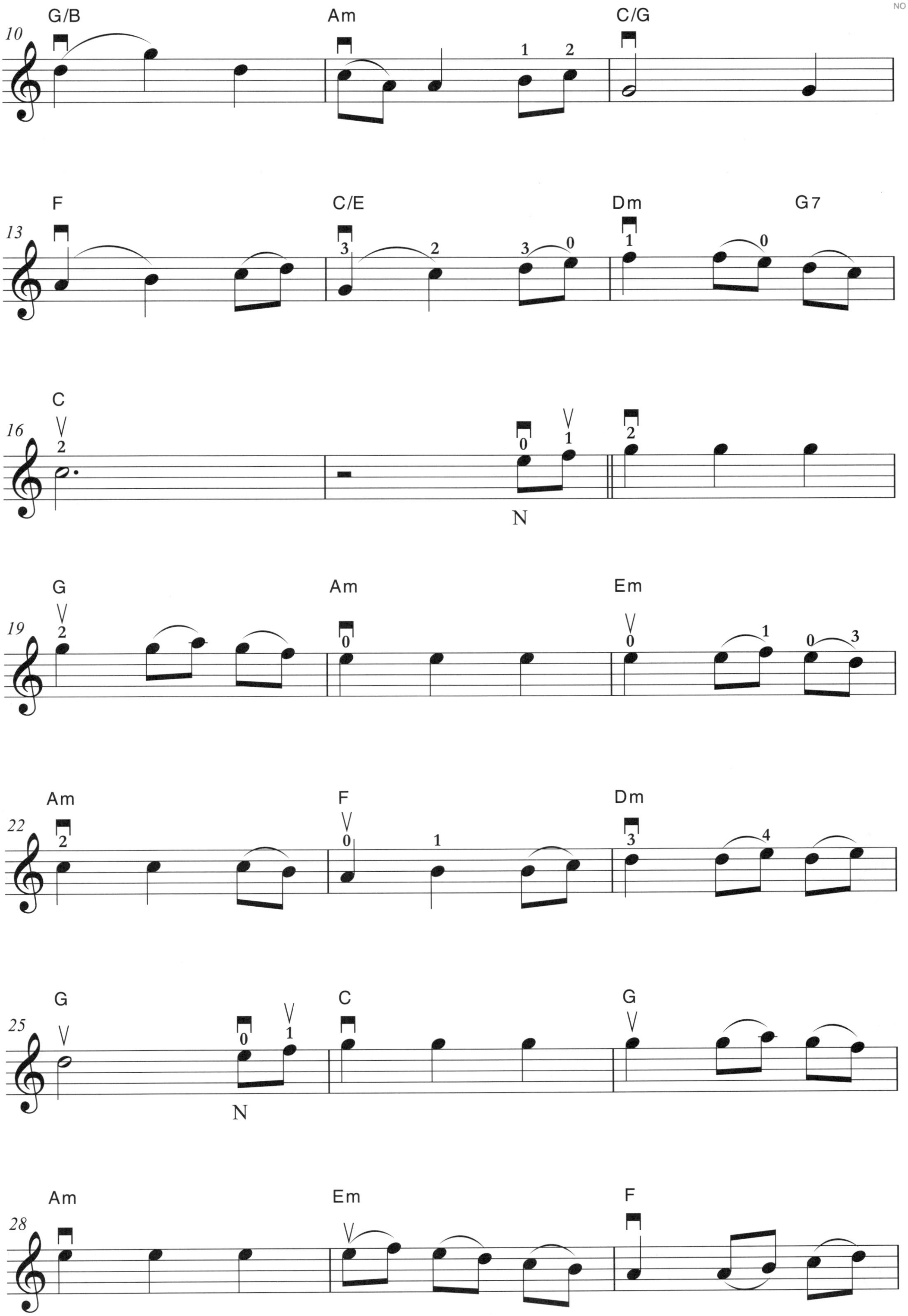
10 G/B Am C/G
13 F C/E Dm G7
16 C
N
19 G Am Em
22 Am F Dm
25 G C G
N
28 Am Em F

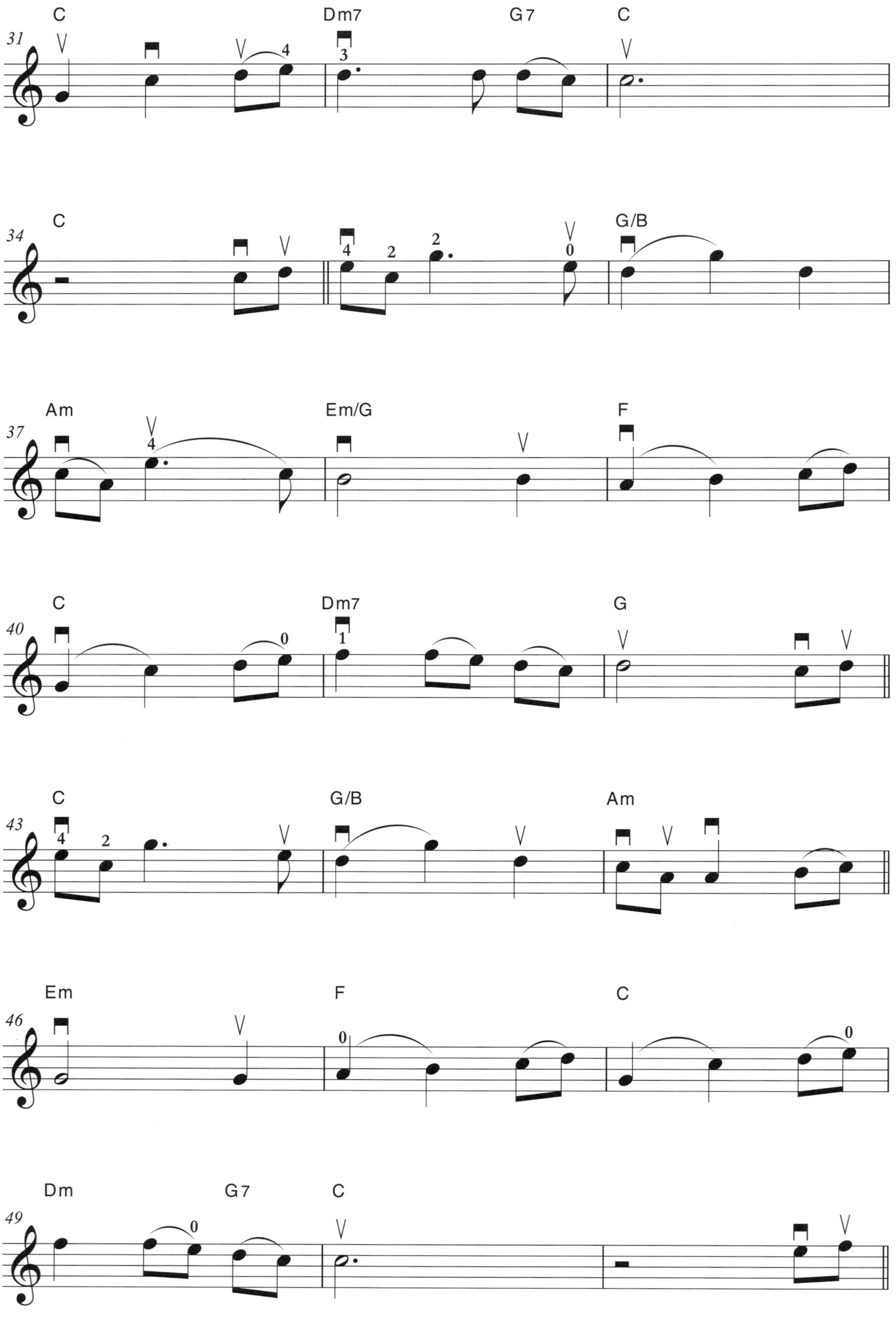
31 C Dm7 G7 C
34 C G/B
37 Am Em/G F
40 C Dm7 G
43 C G/B Am
46 Em F C
49 Dm G7 C

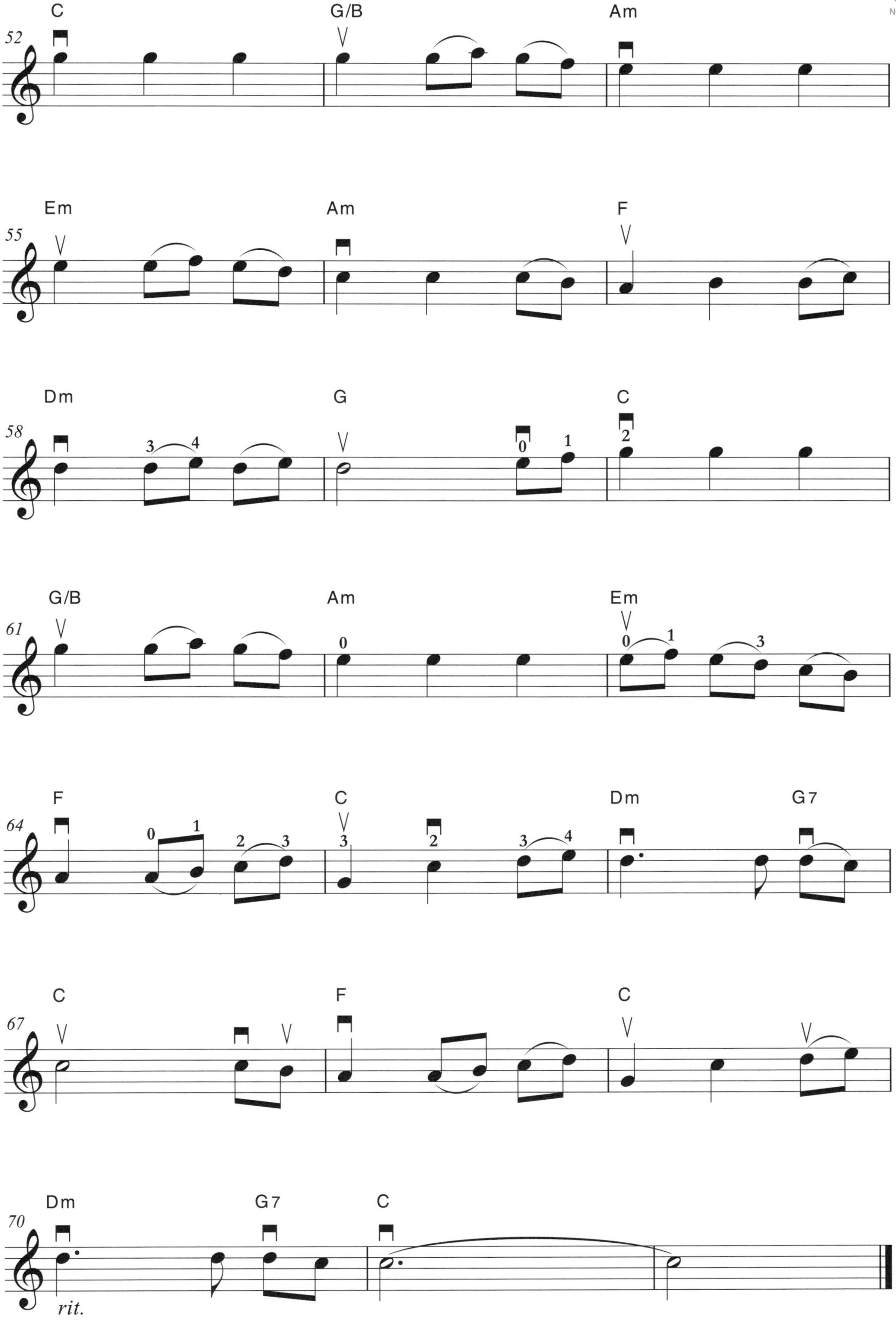
52
C
G/B
Am
55
Em
Am
F
58
Dm
G
C
61
G/B
Am
Em
64
F
C
Dm
G7
67
C
F
C
70
Dm
G7
C
rit.

모범 연주

천공의 성 라퓨타 OST

너를 태우고

Hisaisi Joe, Miyazaki Hayao 작곡

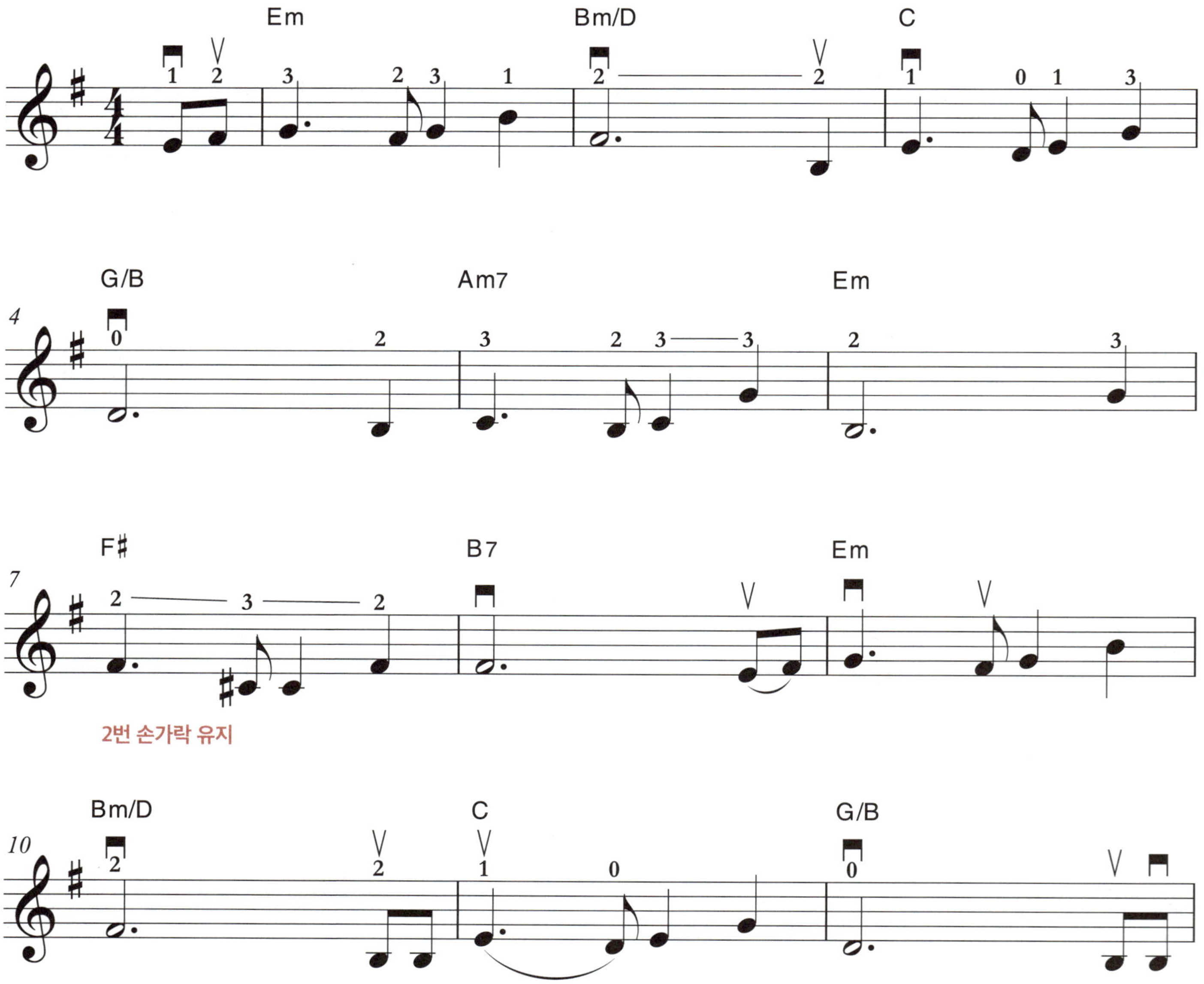

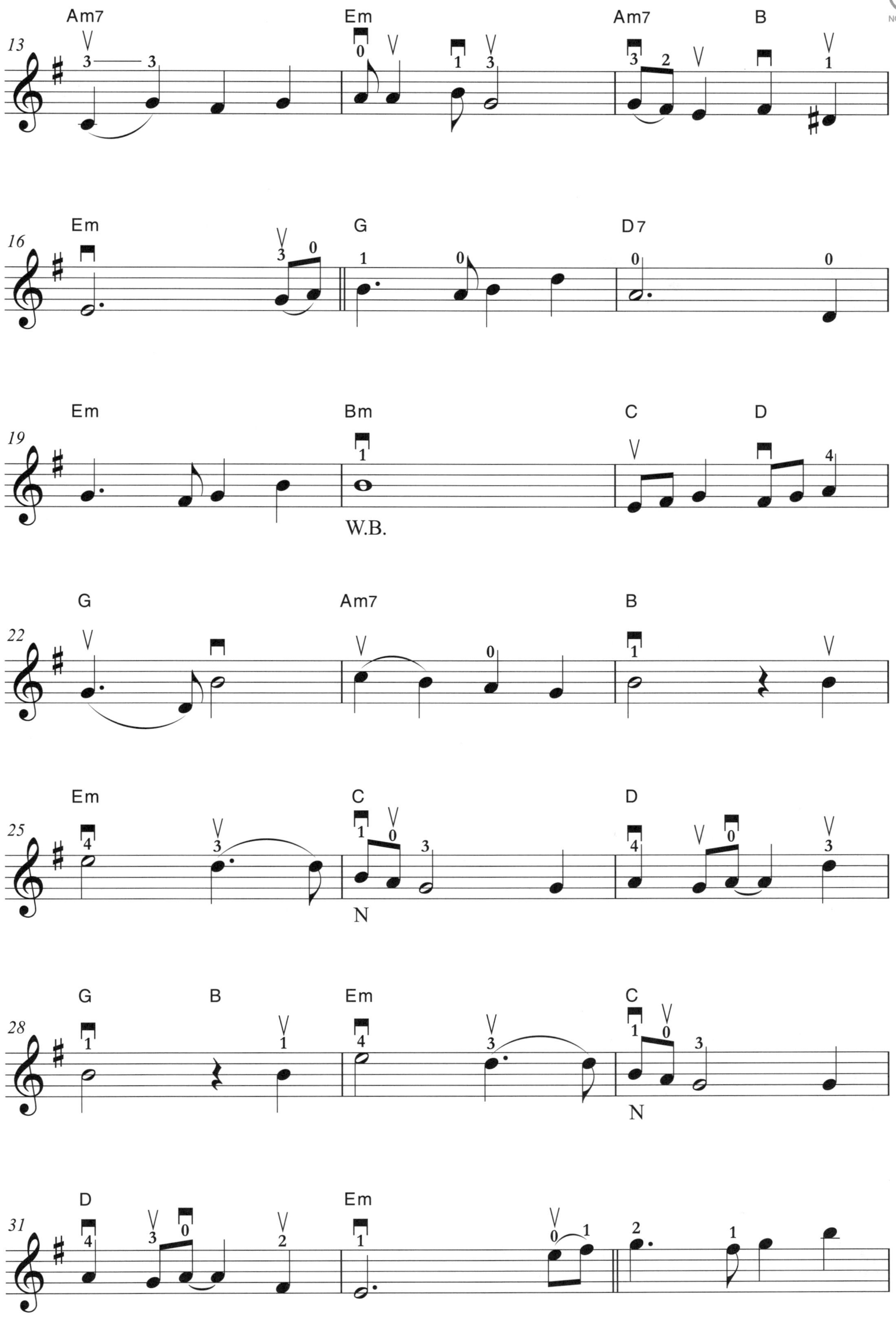
Am7
Em
Am7
B
Em
G
D7
Em
Bm
C
D
W.B.
G
Am7
B
Em
C
D
N
G
B
Em
C
N
D
Em

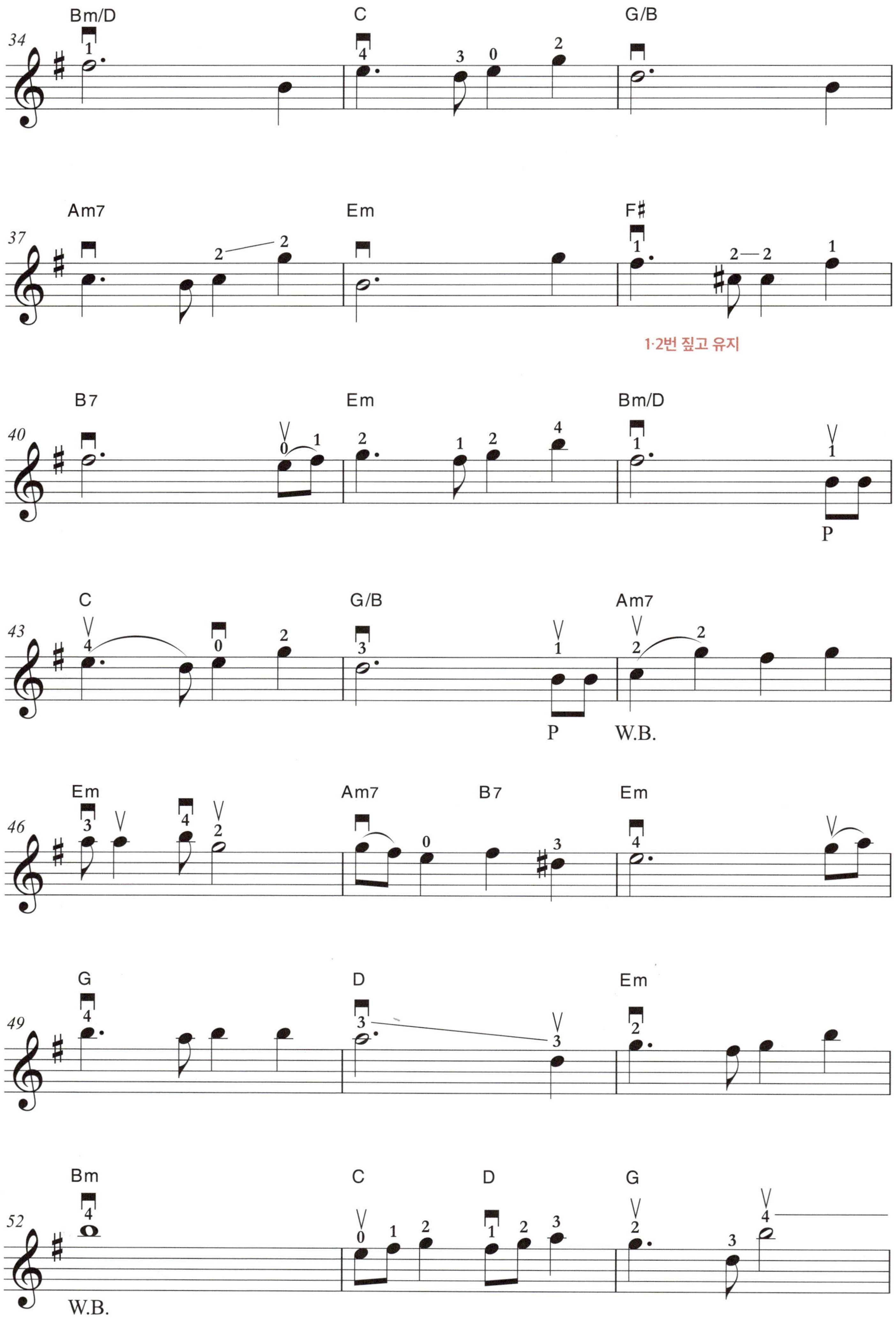
Bm/D
C
G/B
Am7
Em
F♯
1·2번 짚고 유지
B7
Em
Bm/D
P
C
G/B
Am7
P
W.B.
Em
Am7
B7
Em
G
D
Em
Bm
W.B.
C
D
G

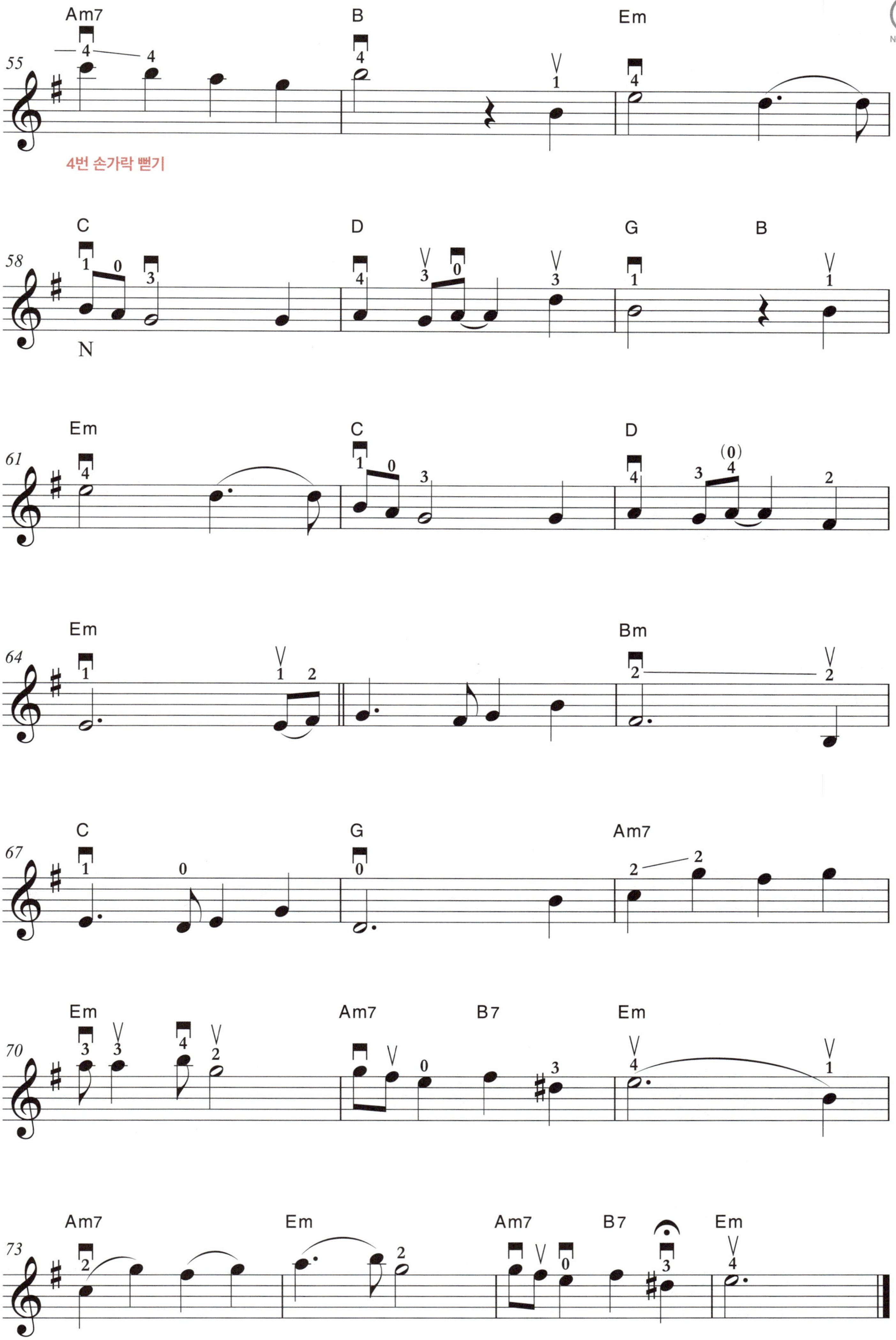
Am7 B Em
4번 손가락 뻗기
C D G B
Em C D
Em Bm
C G Am7
Em Am7 B7 Em
Am7 Em Am7 B7 Em

모범 연주 운지법

이웃집 토토로 OST

이웃집 토토로

- 바장조의 노래로 ♭(플랫)을 잘 지켜 연주합니다.
- 악보에 표기된 활의 위치를 잘 지켜 연주합니다.

Hisaishi Joe, Miyazaki Hayao 작곡

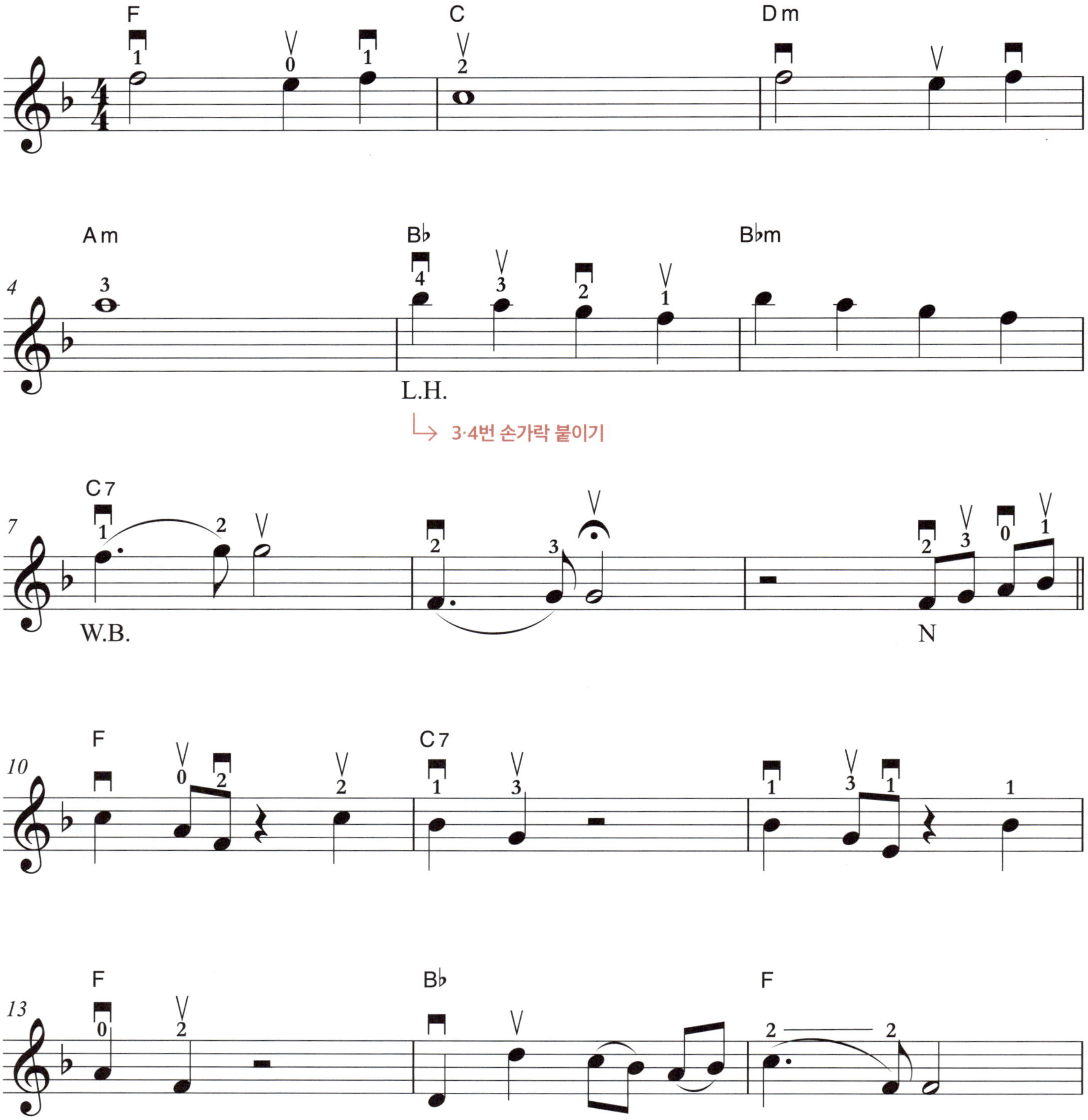

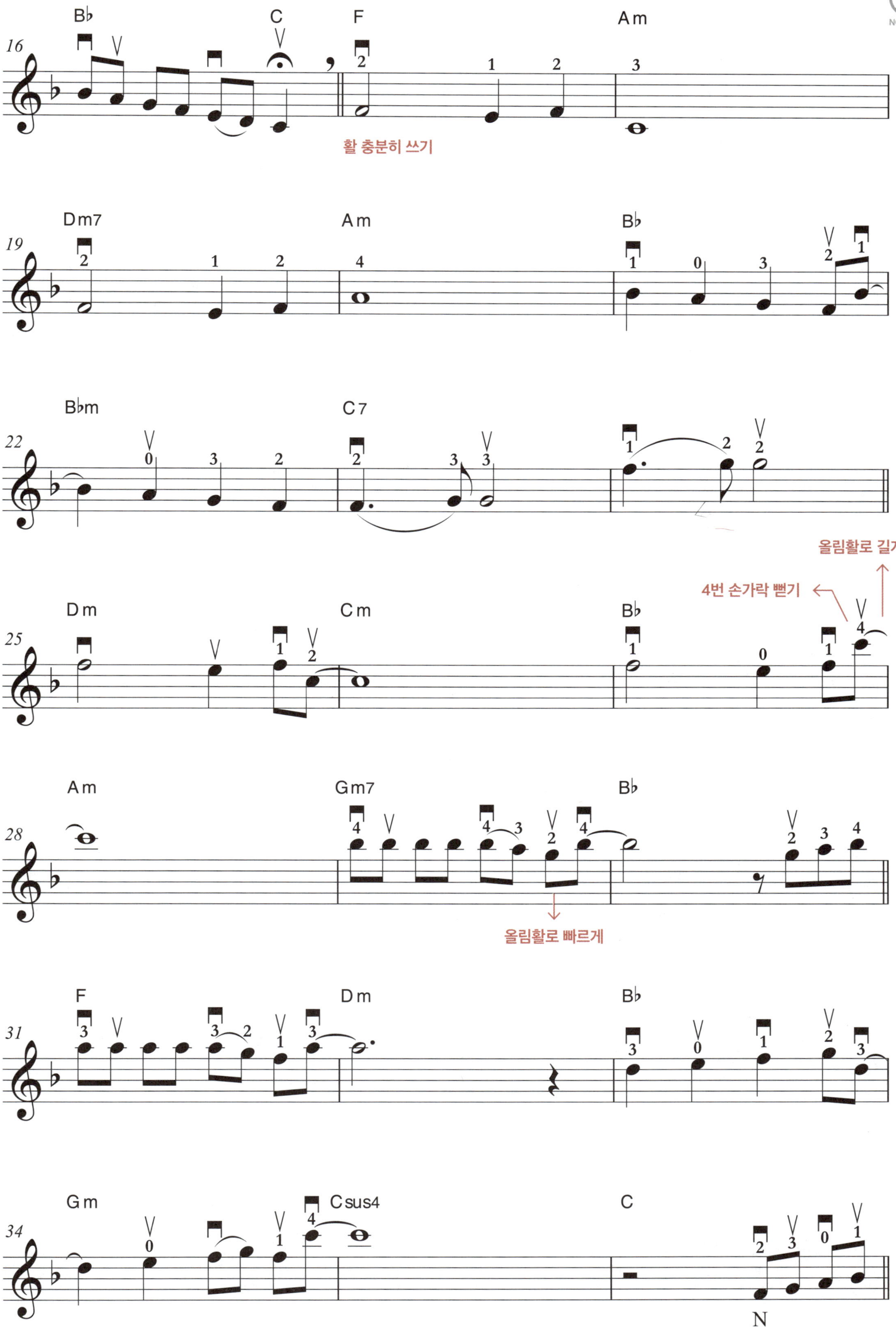
B♭ C F Am
활 충분히 쓰기
Dm7 Am B♭
B♭m C7
올림활로 길게
4번 손가락 뻗기
Dm Cm B♭
Am Gm7 B♭
올림활로 빠르게
F Dm B♭
Gm Csus4 C
N

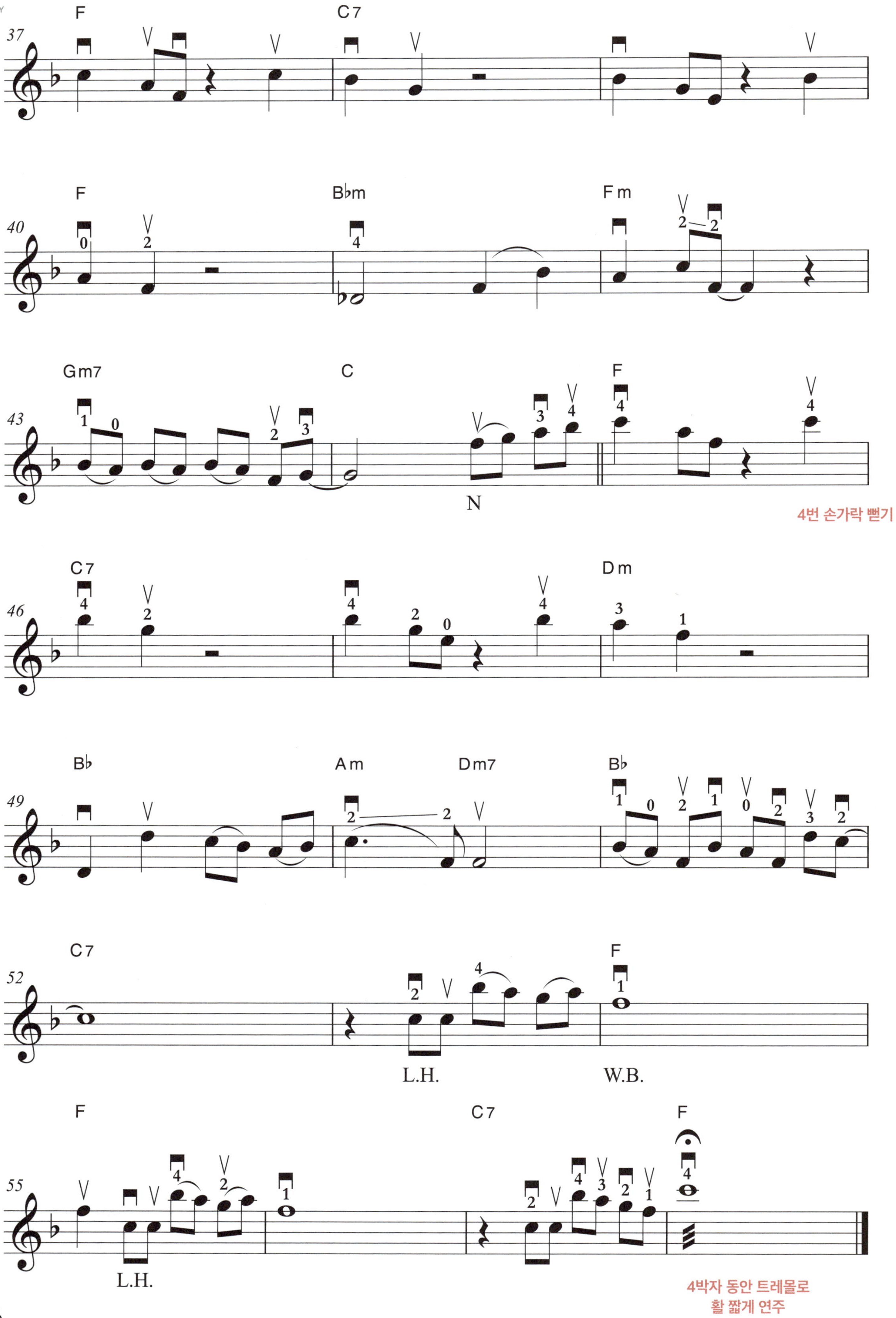
F
C7
F
B♭m
F m
Gm7
C
F
N
4번 손가락 뻗기
C7
D m
B♭
A m
Dm7
B♭
C7
L.H.
F
W.B.
F
L.H.
C7
F
4박자 동안 트레몰로
활 짧게 연주

모범 연주

센과 치히로의 행방불명 OST

또 다시

- 사장조의 노래로 #(샤프)를 잘 지켜 연주합니다.
- 3박자 리듬으로 활을 살짝 끊어서 연주합니다.
- 악보에 표기된 활의 위치를 잘 지켜 연주합니다.

Hisaishi Joe, Miyazaki Hayao 작곡

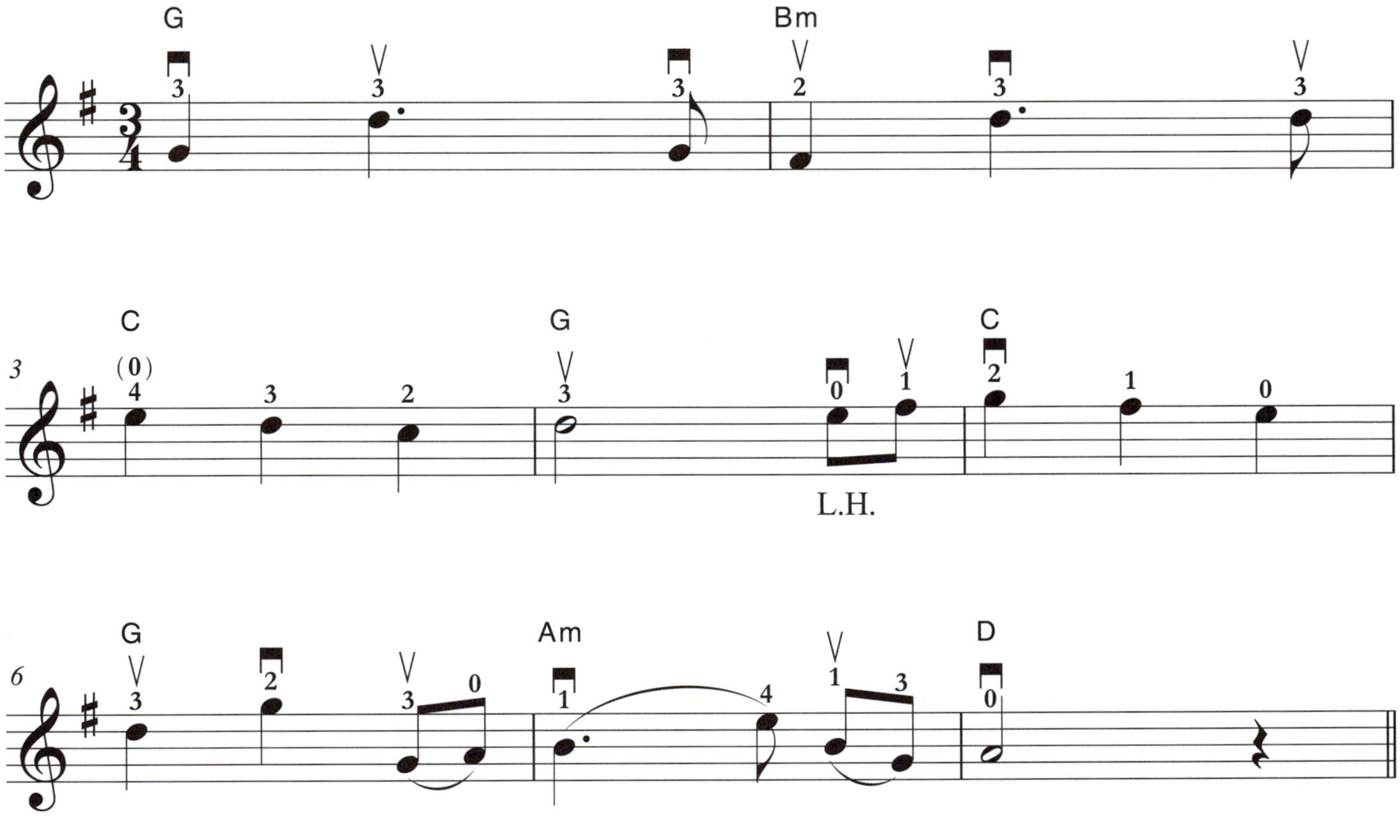

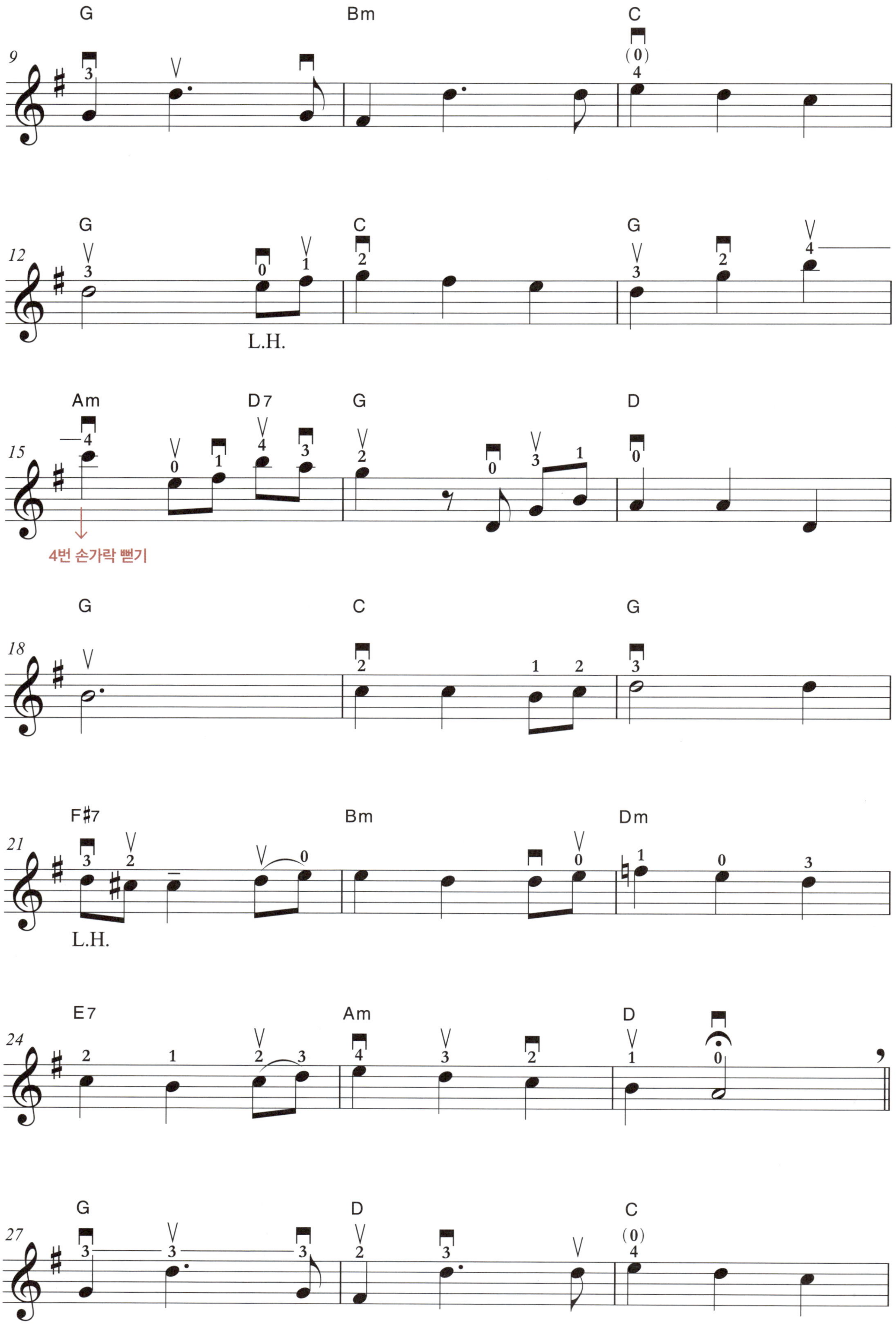
9
G
Bm
C
12
G
C
G
L.H.
15
Am
D7
G
D
4번 손가락 뻗기
18
G
C
G
21
F♯7
Bm
Dm
L.H.
24
E7
Am
D
27
G
D
C

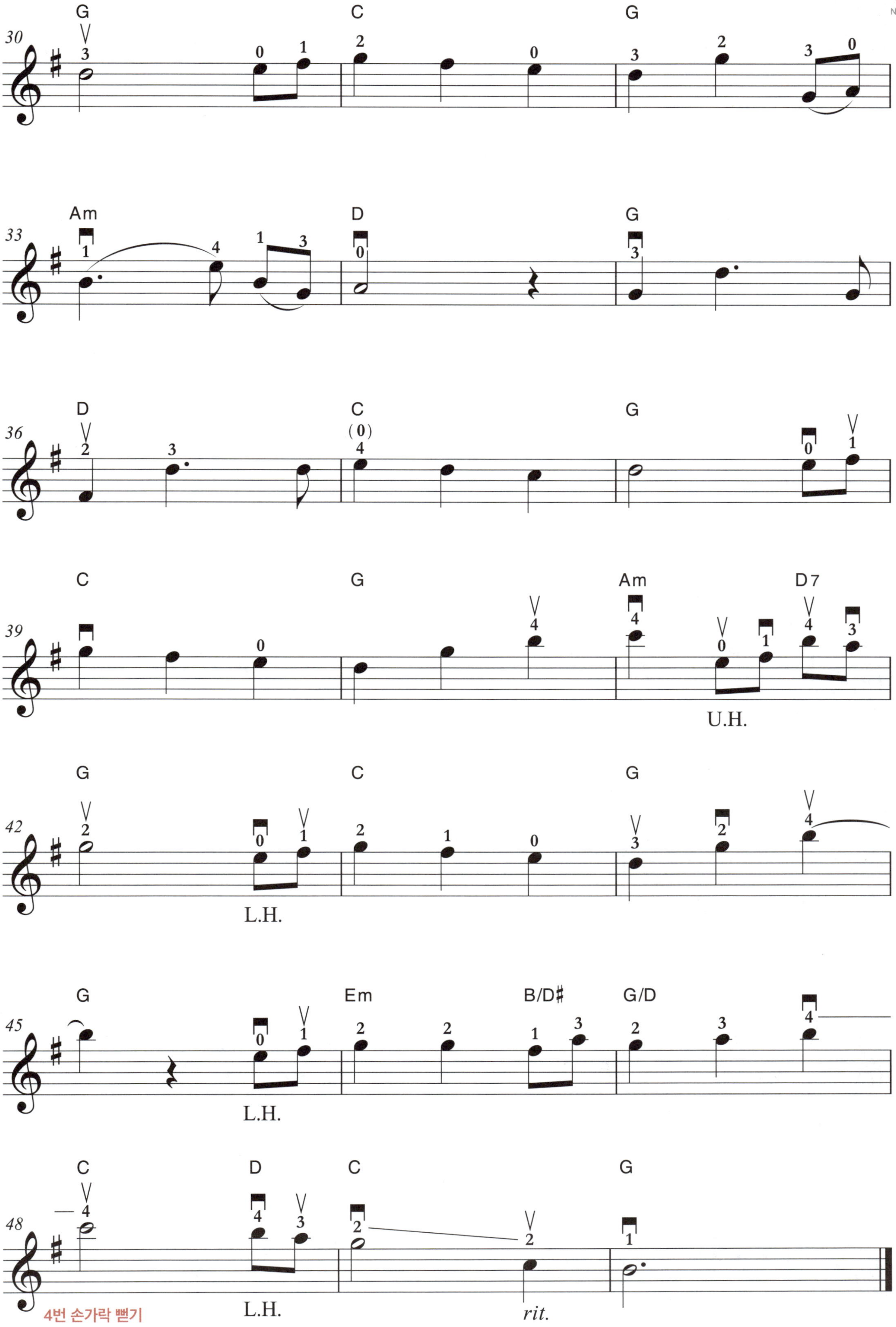
30
G
C
G
33
Am
D
G
36
D
C
G
39
C
G
Am
D7
U.H.
42
G
L.H.
C
G
45
G
L.H.
Em
B/D♯
G/D
48
C
D
C
G
4번 손가락 뻗기
L.H.
rit.

모노노케 히메

모범 연주

• ♪ 8분음표와 ♩ 4분음표의 활 위치를 생각하면서 연주합니다.

Hisaishi Joe, Miyazaki Hayao, Jasrac 작곡

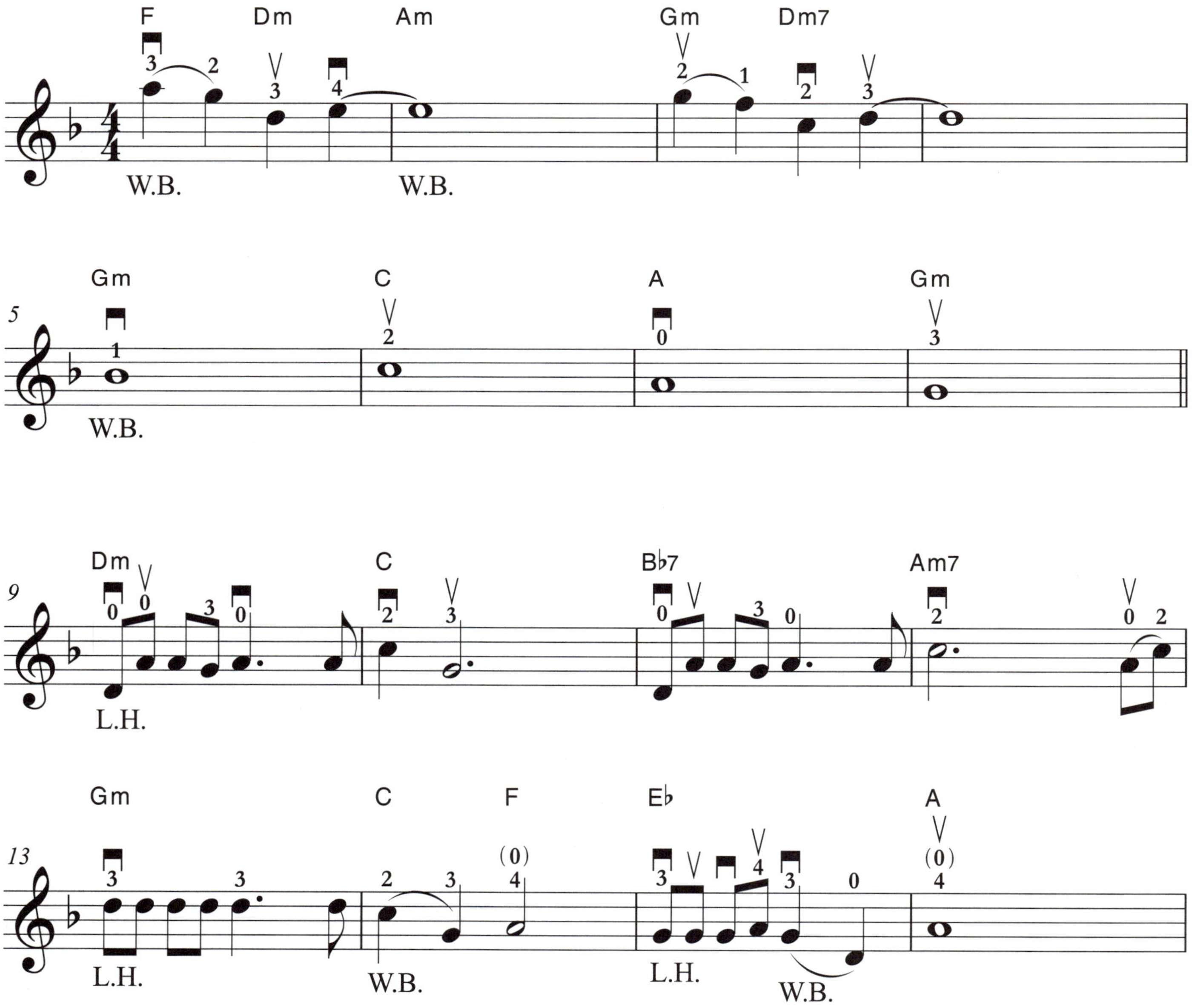

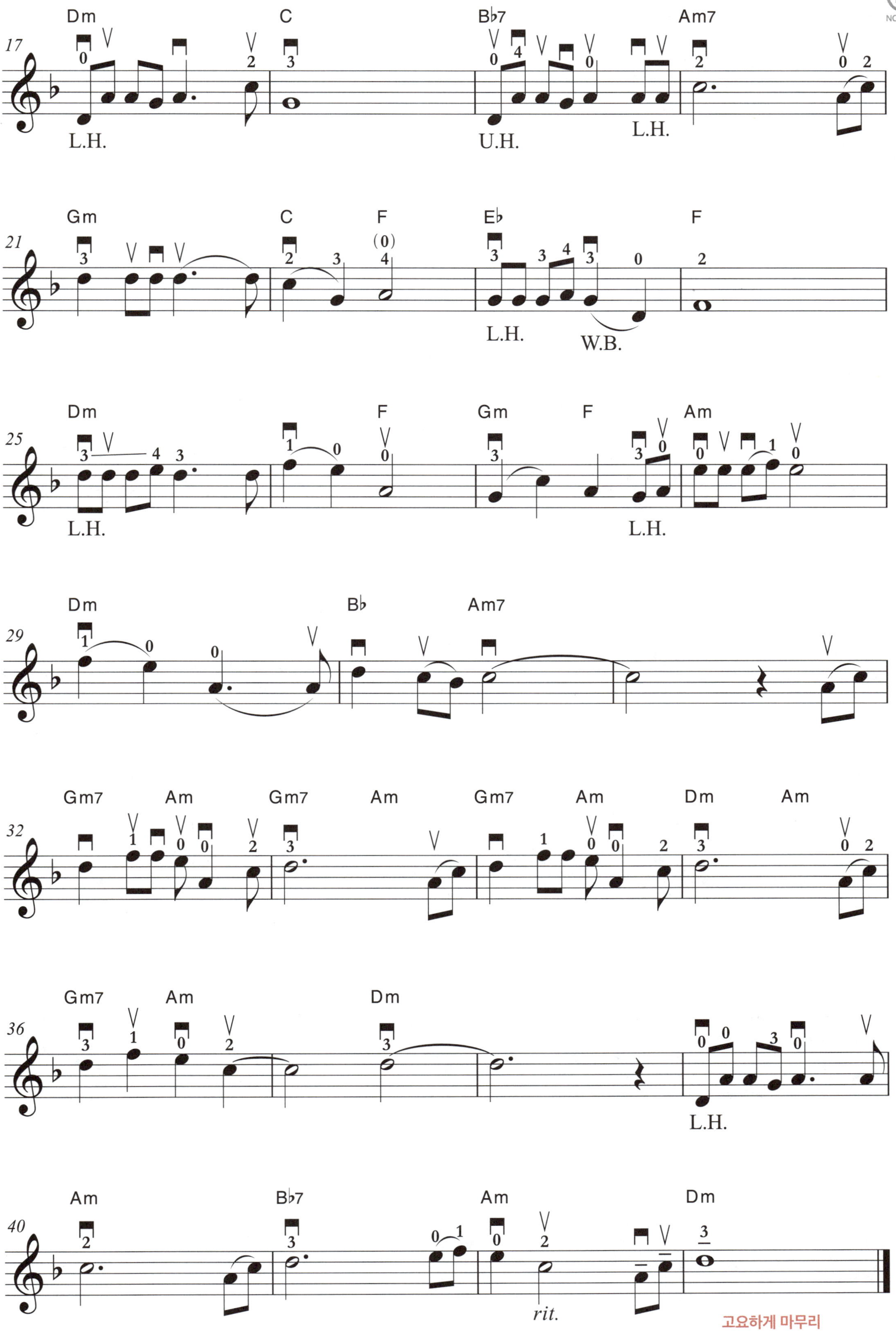
Dm C B♭7 Am7
L.H. U.H. L.H.
Gm C F E♭ F
L.H. W.B.
Dm F Gm F Am
L.H. L.H.
Dm B♭ Am7
Gm7 Am Gm7 Am Gm7 Am Dm Am
Gm7 Am Dm
L.H.
Am B♭7 Am Dm
rit.
고요하게 마무리

모범 연주

모노노케 히메 OST

아시타카의 전설

- 4번 손가락은 개방현(0)으로도 연주 가능합니다.
- 악보에 표기된 활 표시를 잘 지켜 연주합니다.

Hisaishi Joe 작곡

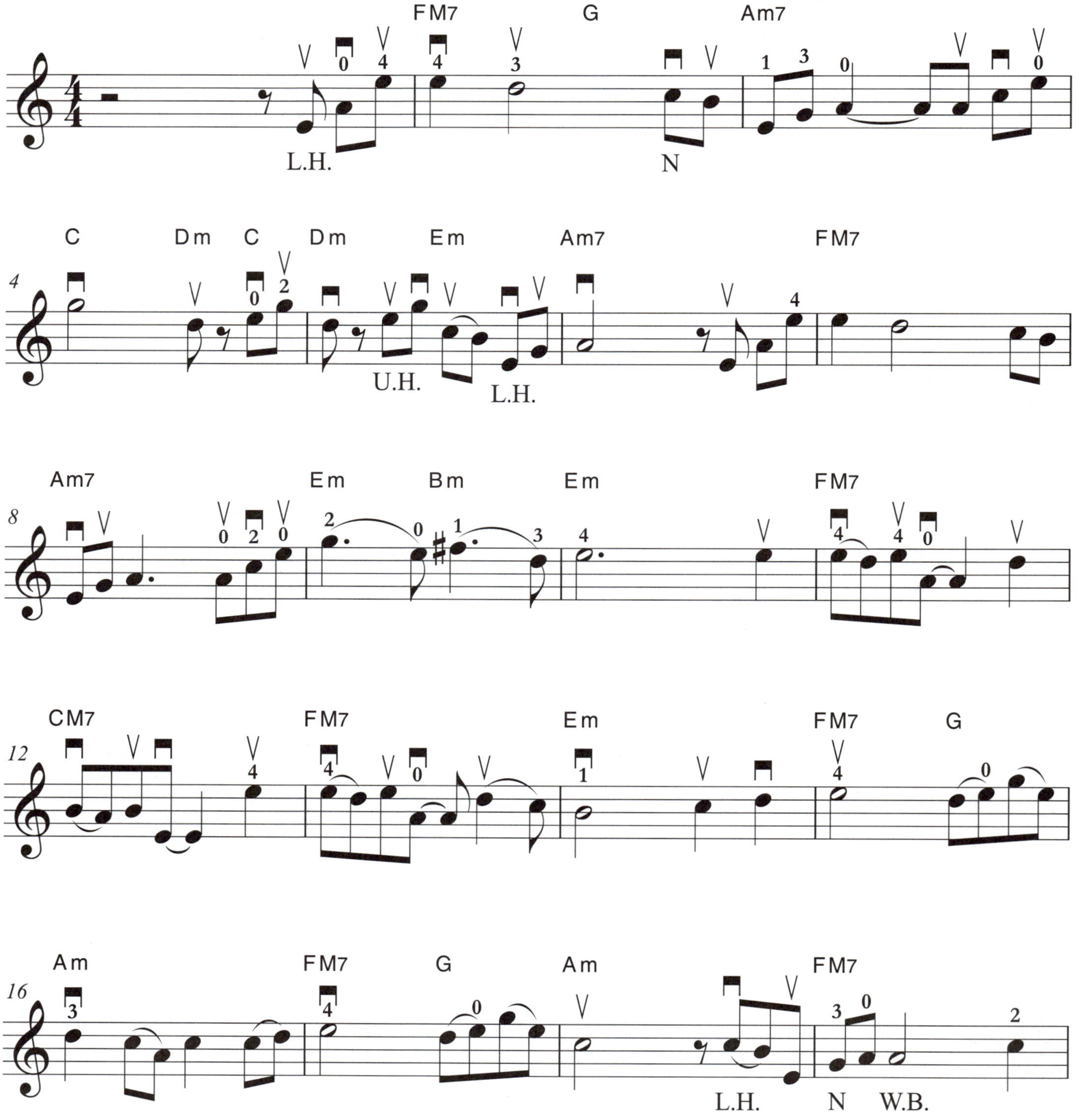

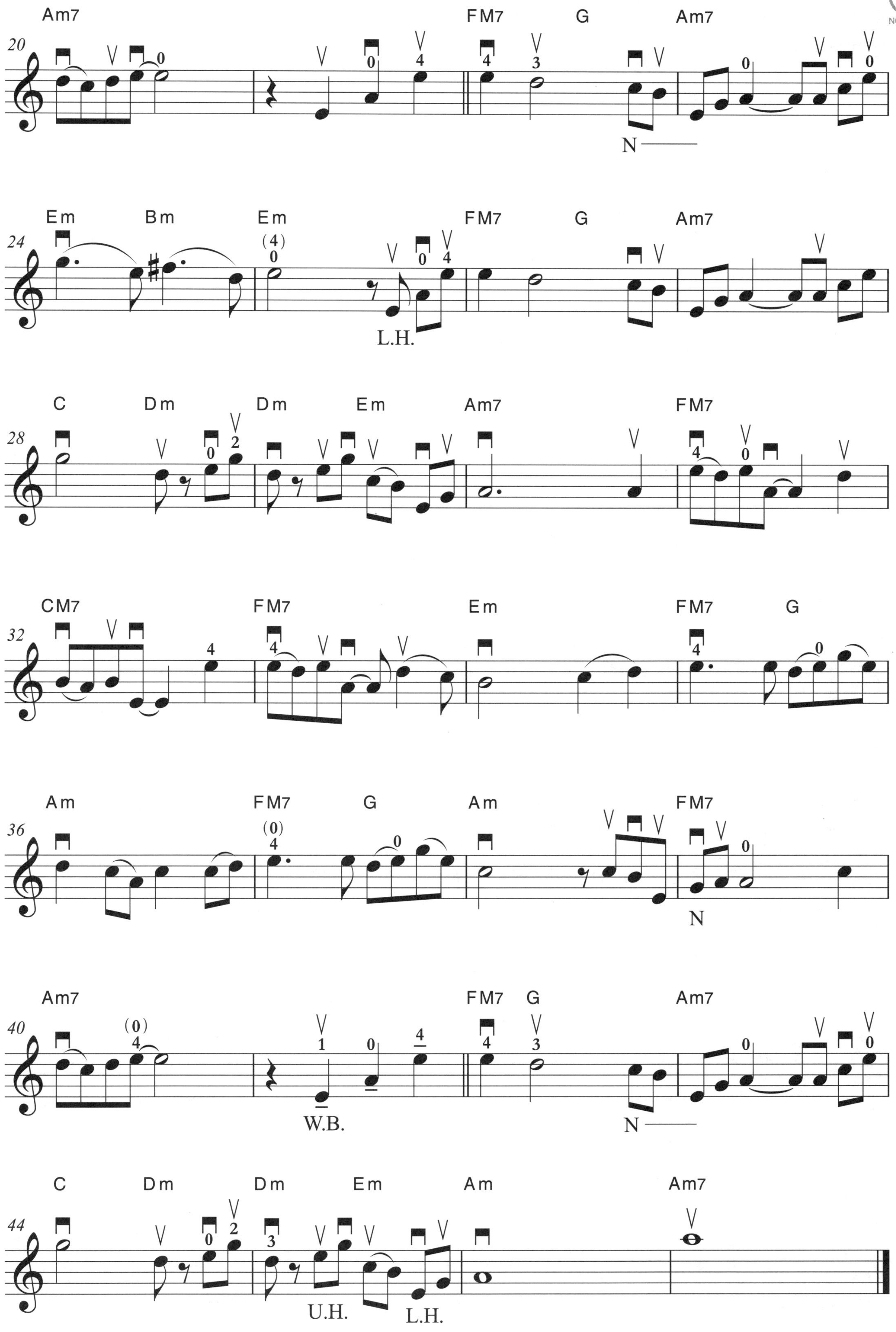
Am7 FM7 G Am7
N
Em Bm Em FM7 G Am7
L.H.
C Dm Dm Em Am7 FM7
CM7 FM7 Em FM7 G
Am FM7 G Am FM7
N
Am7 FM7 G Am7
W.B.
N
C Dm Dm Em Am Am7
U.H.
L.H.

모범 연주 운지법

센과 치히로의 행방불명 OST

어느 여름날

Hisaishi Joe 작곡

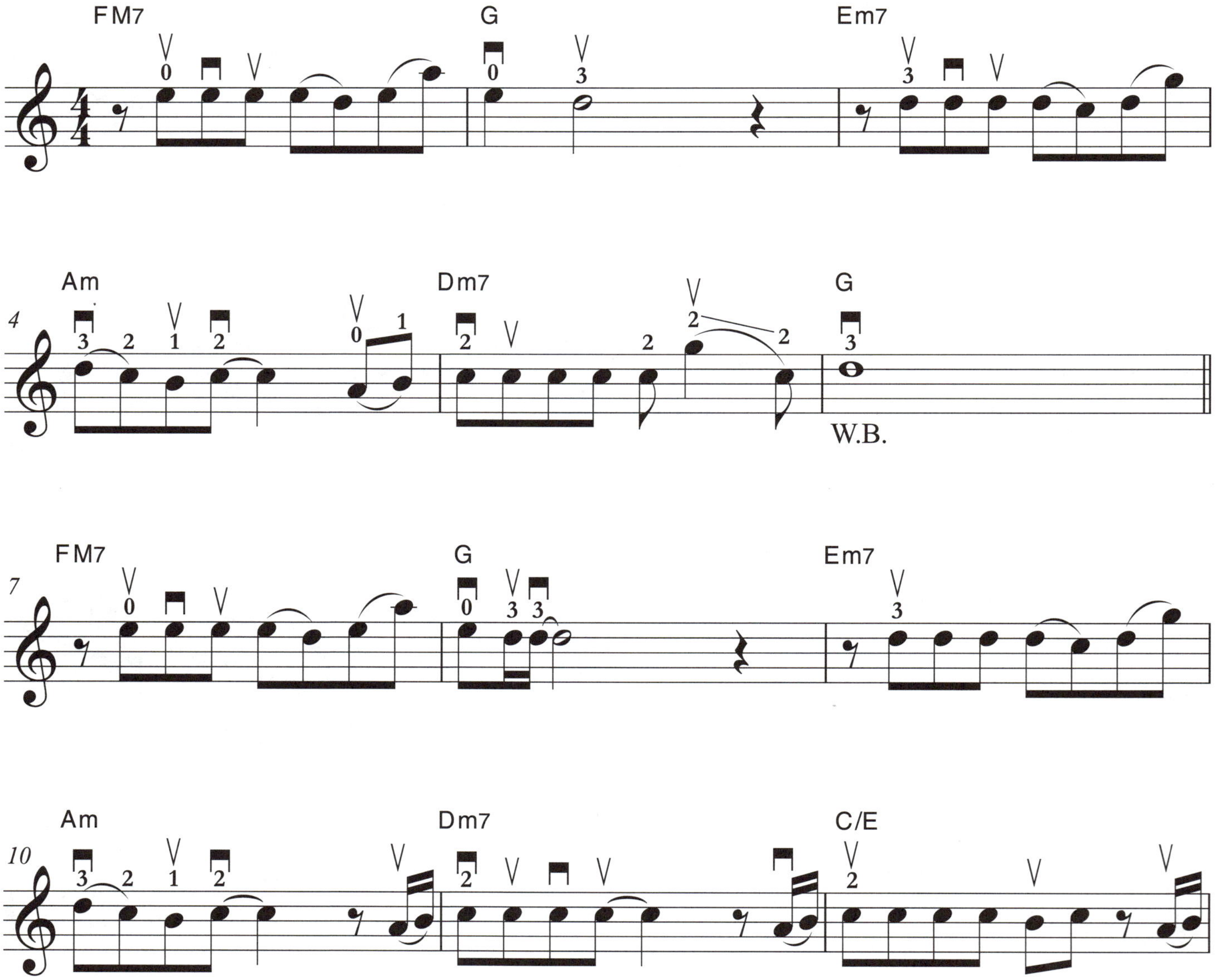

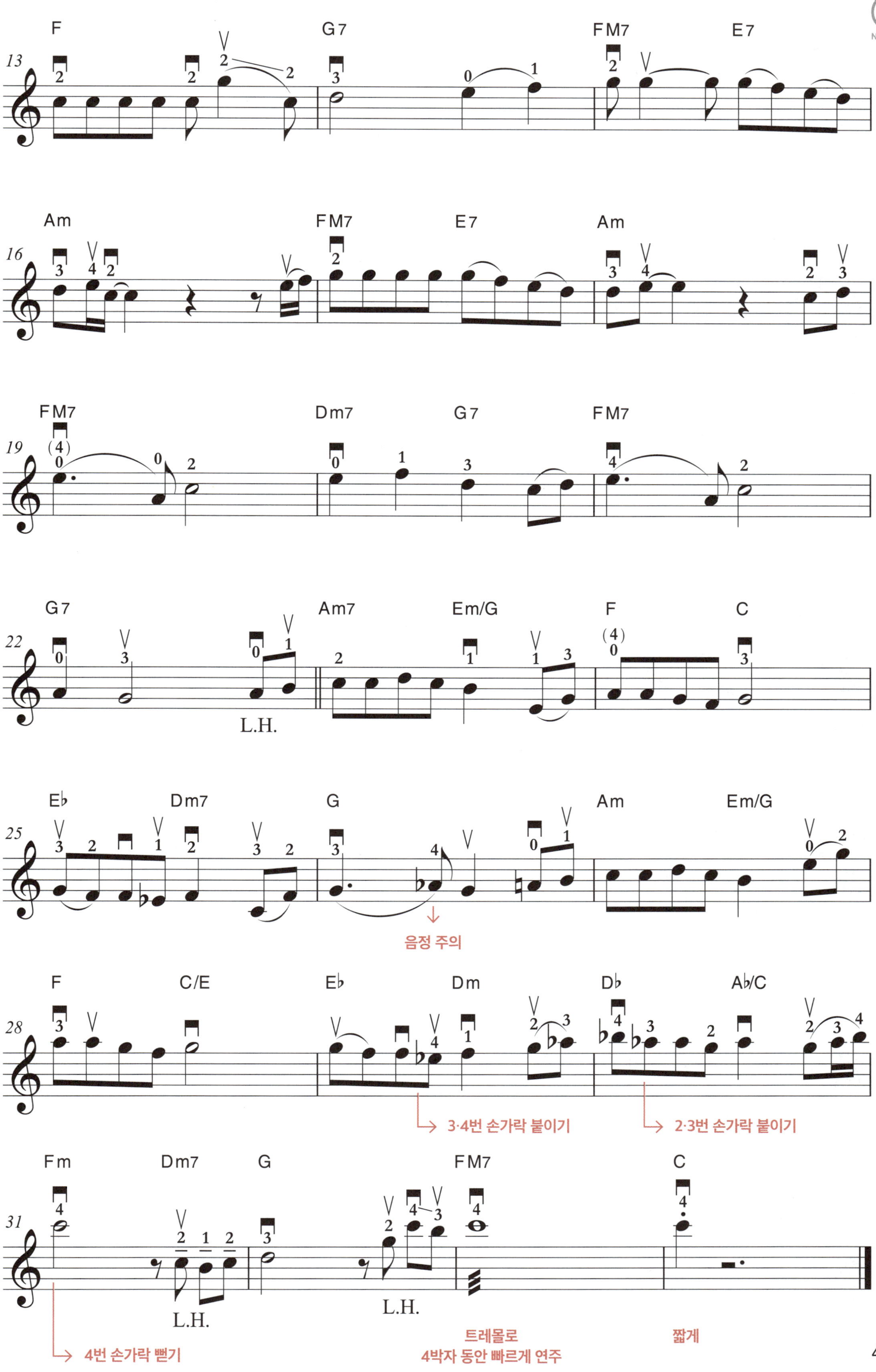
F
G7
FM7
E7
Am
FM7
E7
Am
FM7
Dm7
G7
FM7
G7
L.H.
Am7
Em/G
F
C
E♭
Dm7
G
Am
Em/G
음정 주의
F
C/E
E♭
Dm
D♭
A♭/C
3·4번 손가락 붙이기
2·3번 손가락 붙이기
Fm
Dm7
G
FM7
C
L.H.
L.H.
4번 손가락 뻗기
트레몰로
4박자 동안 빠르게 연주
짧게

모범 연주

바람계곡의 나우시카 OST

나우시카 레퀴엠

• 느린 3박자에서 빠른 4박자로 템포 변화를 주며 연주합니다.

Hisaishi Joe 작곡

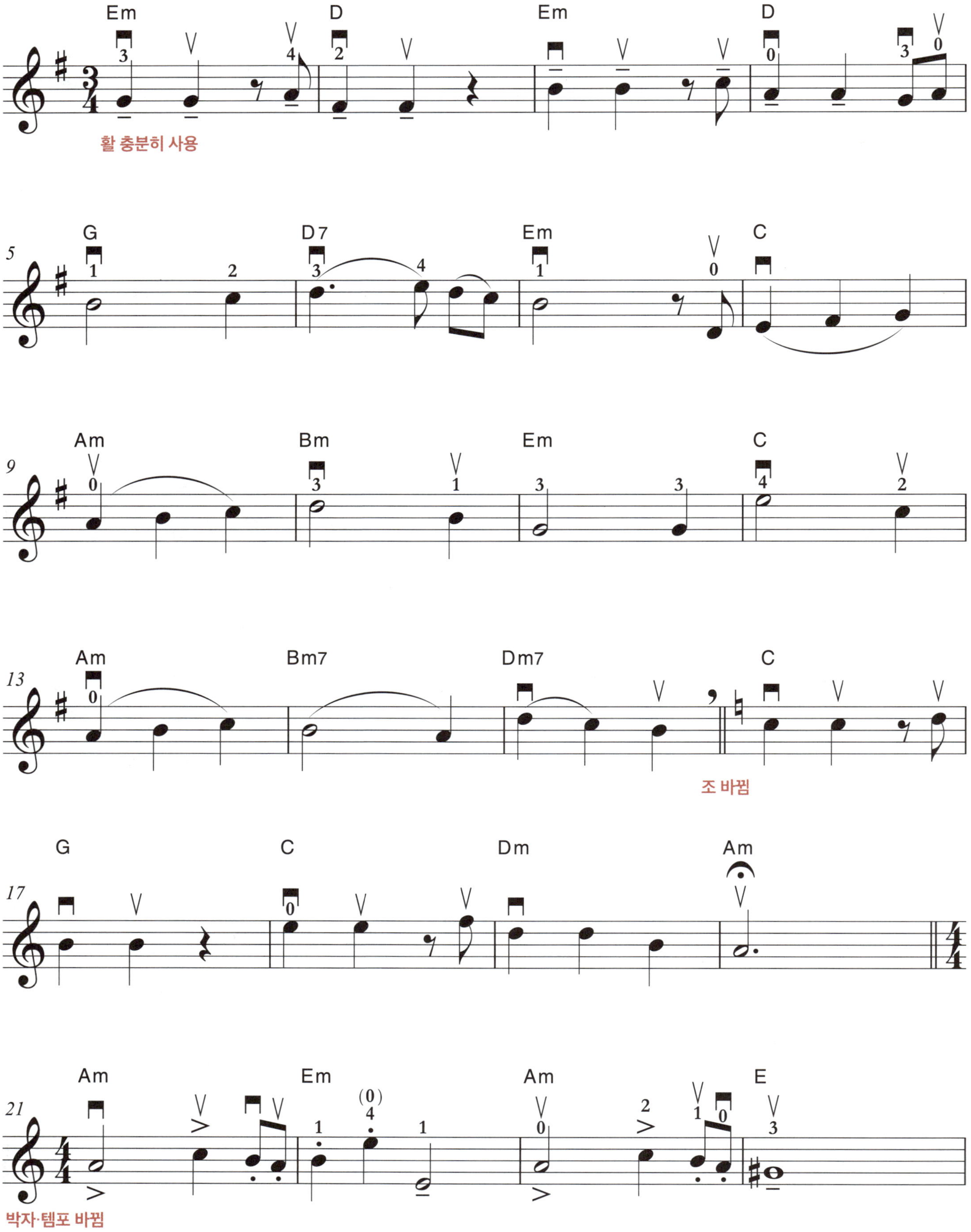

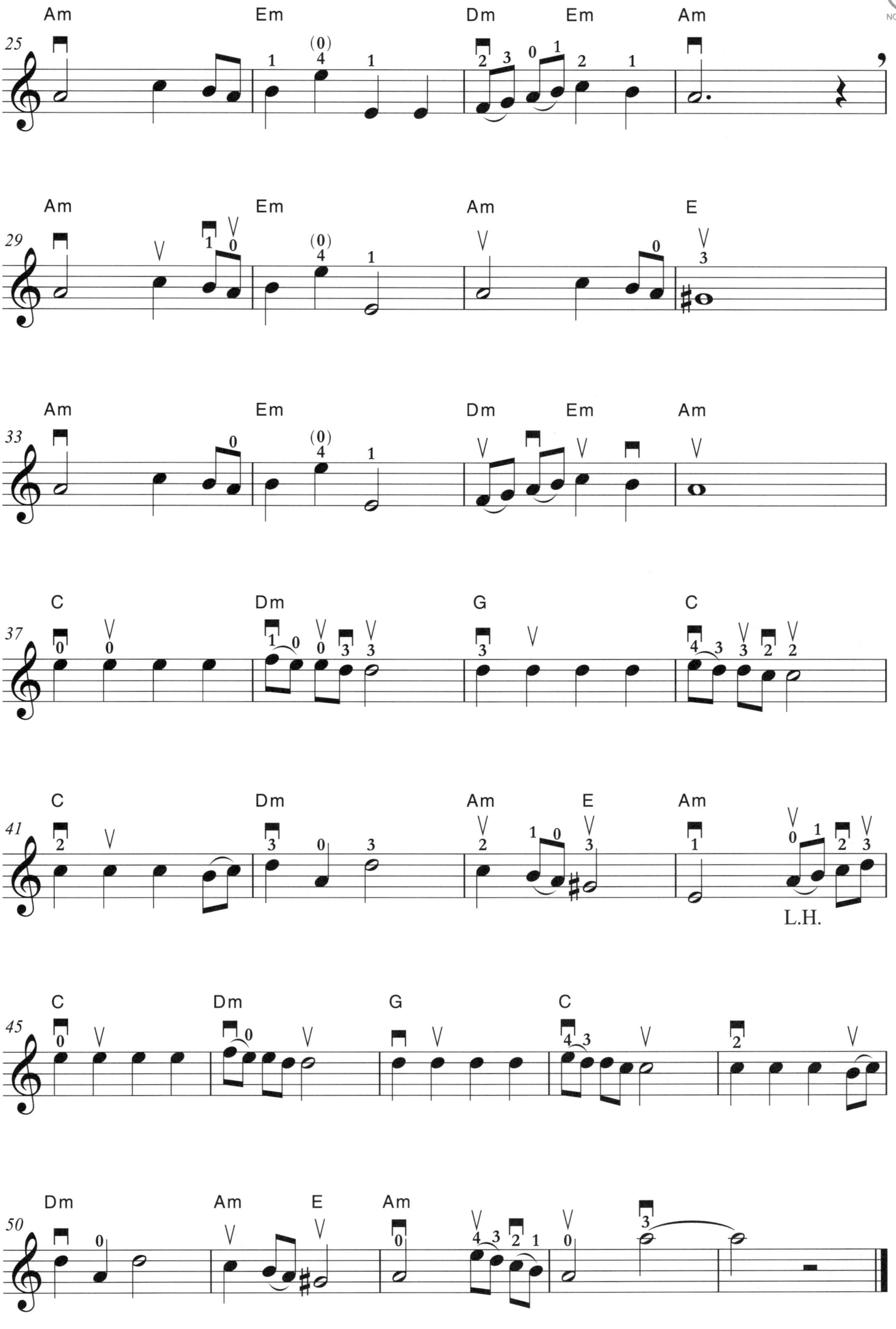
Am Em Dm Em Am
Am Em Am E
Am Em Dm Em Am
C Dm G C
C Dm Am E Am
L.H.
C Dm G C
Dm Am E Am

모범 연주

코쿠리코 언덕에서 OST

이별의 여름

• 활을 여유있게 사용하여 연주합니다.

Sakata Kouichi 작곡

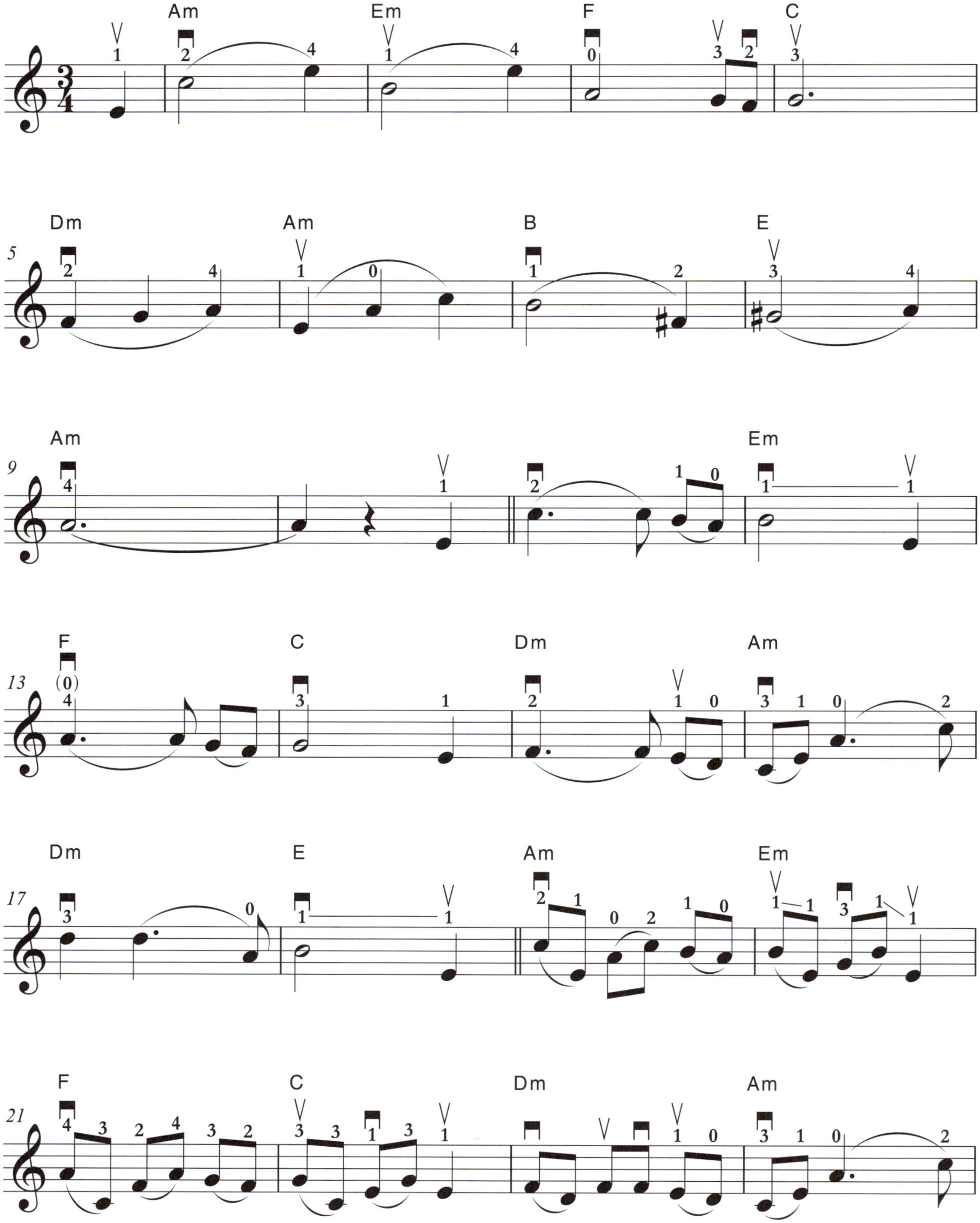

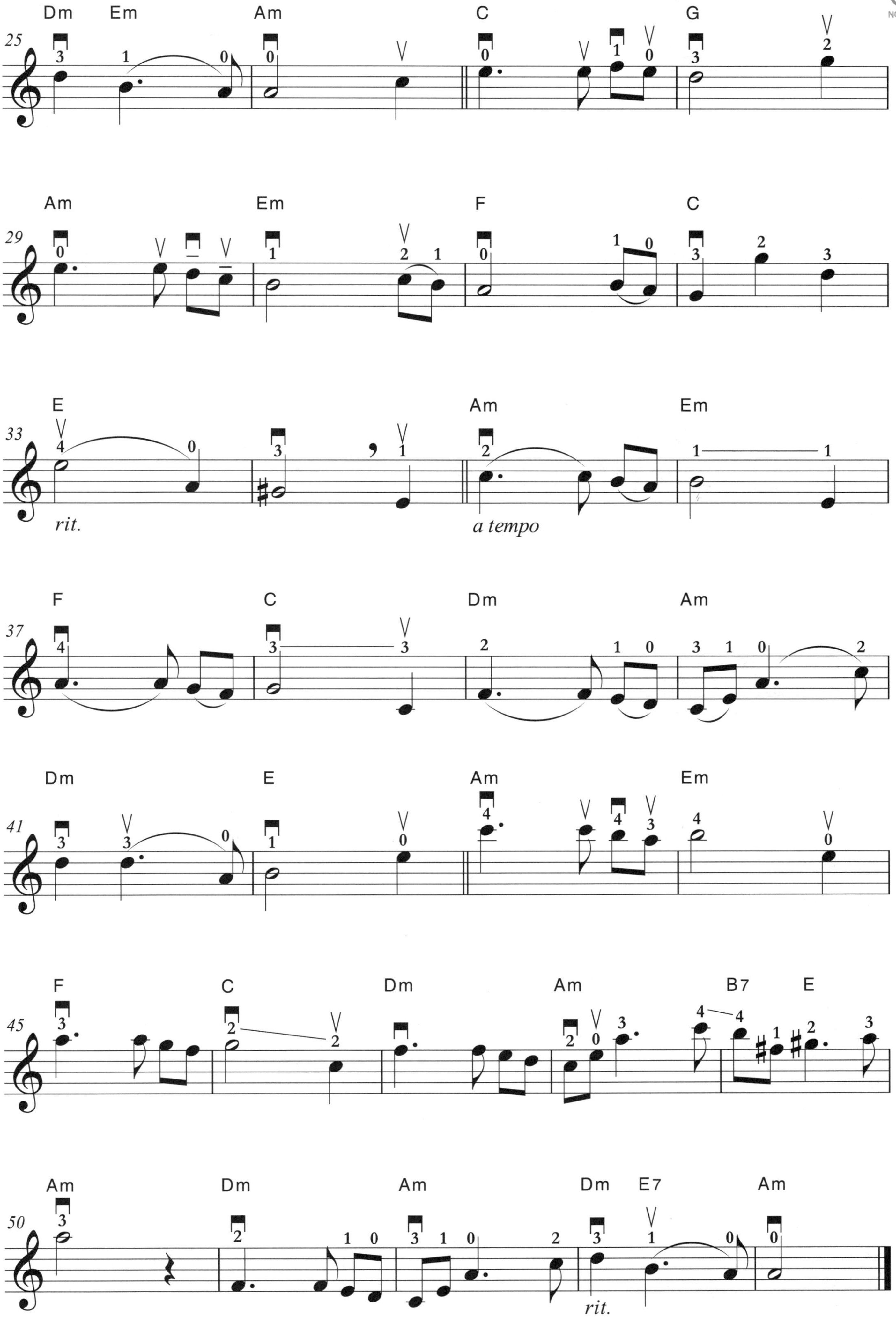
Dm Em Am C G
Am Em F C
E Am Em
rit.
a tempo
F C Dm Am
Dm E Am Em
F C Dm Am B7 E
Am Dm Am Dm E7 Am
rit.

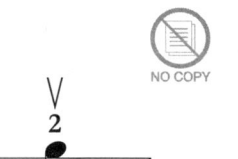

QR: 모범 연주 / 운지법

이웃집 토토로 OST

산책

- ♩ = ♪♪♪(3) = ♪.♬
- 내림활(⊓)과 올림활(V), 셋잇단음표(♪♪♪(3))와 부점(♪.♬) 리듬을 잘 지켜 연주합니다.

Nakagawa Rieko, Hisaishi Joe 작곡

연습해 보기

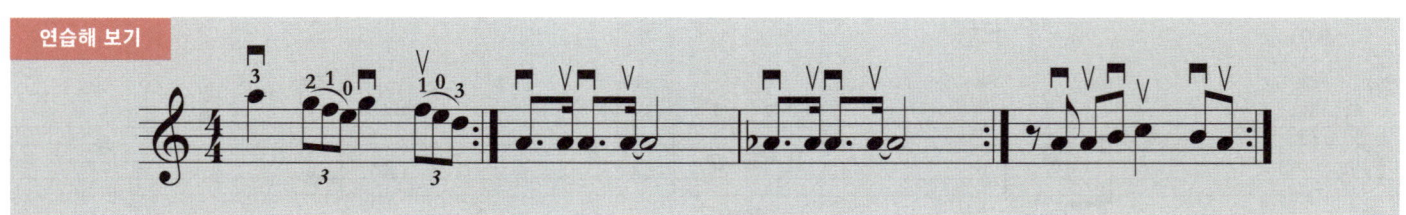

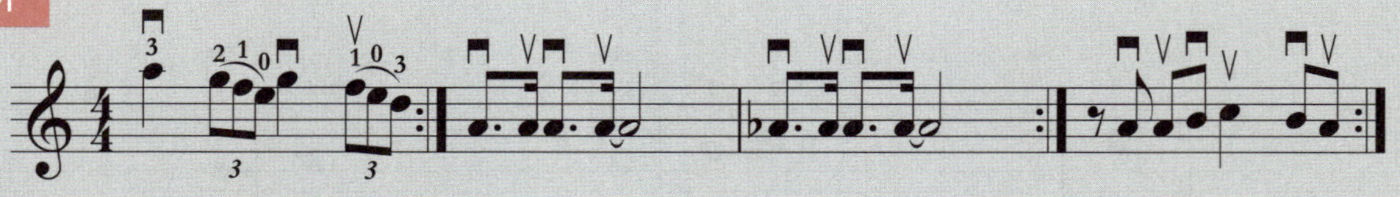

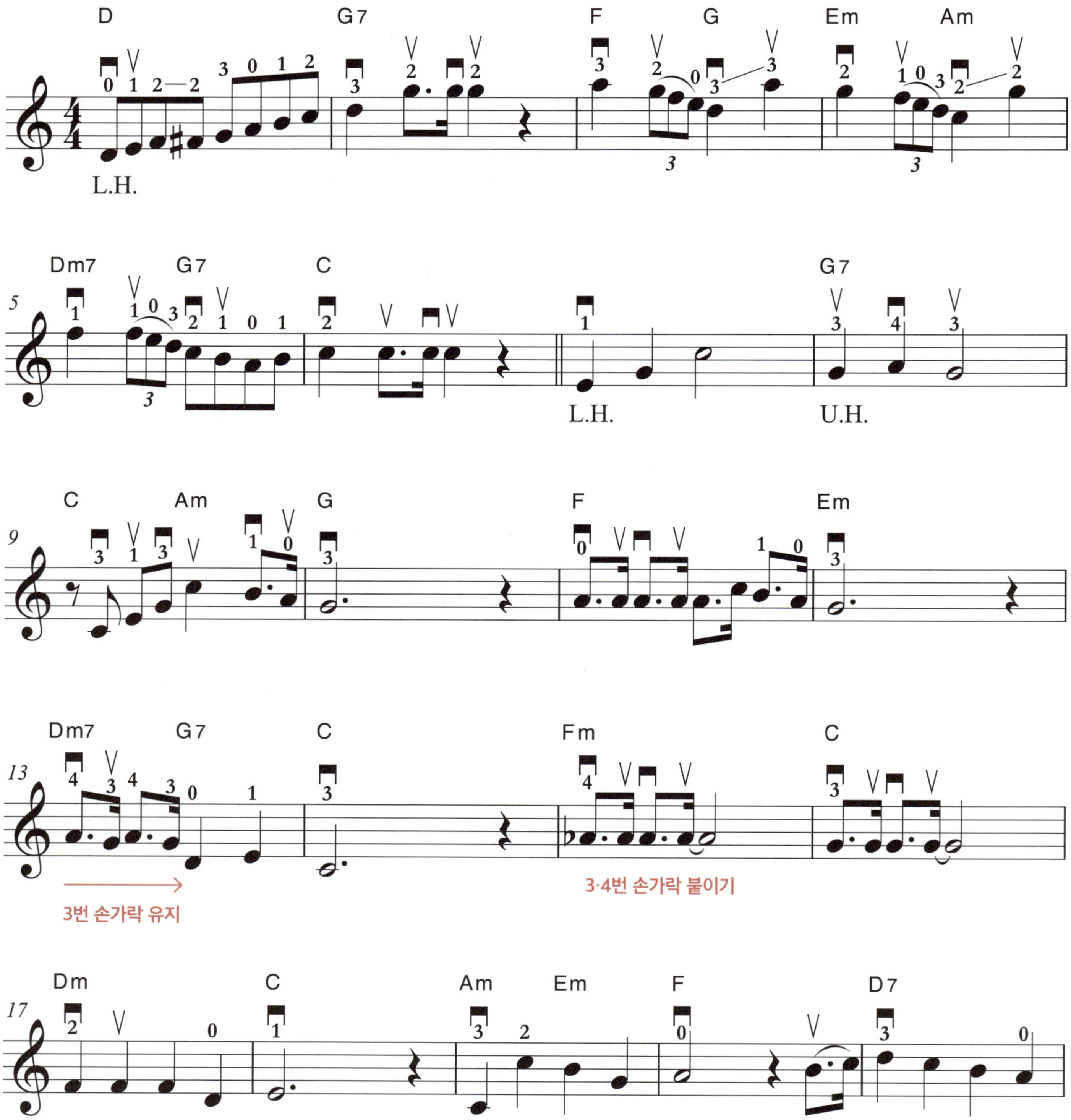

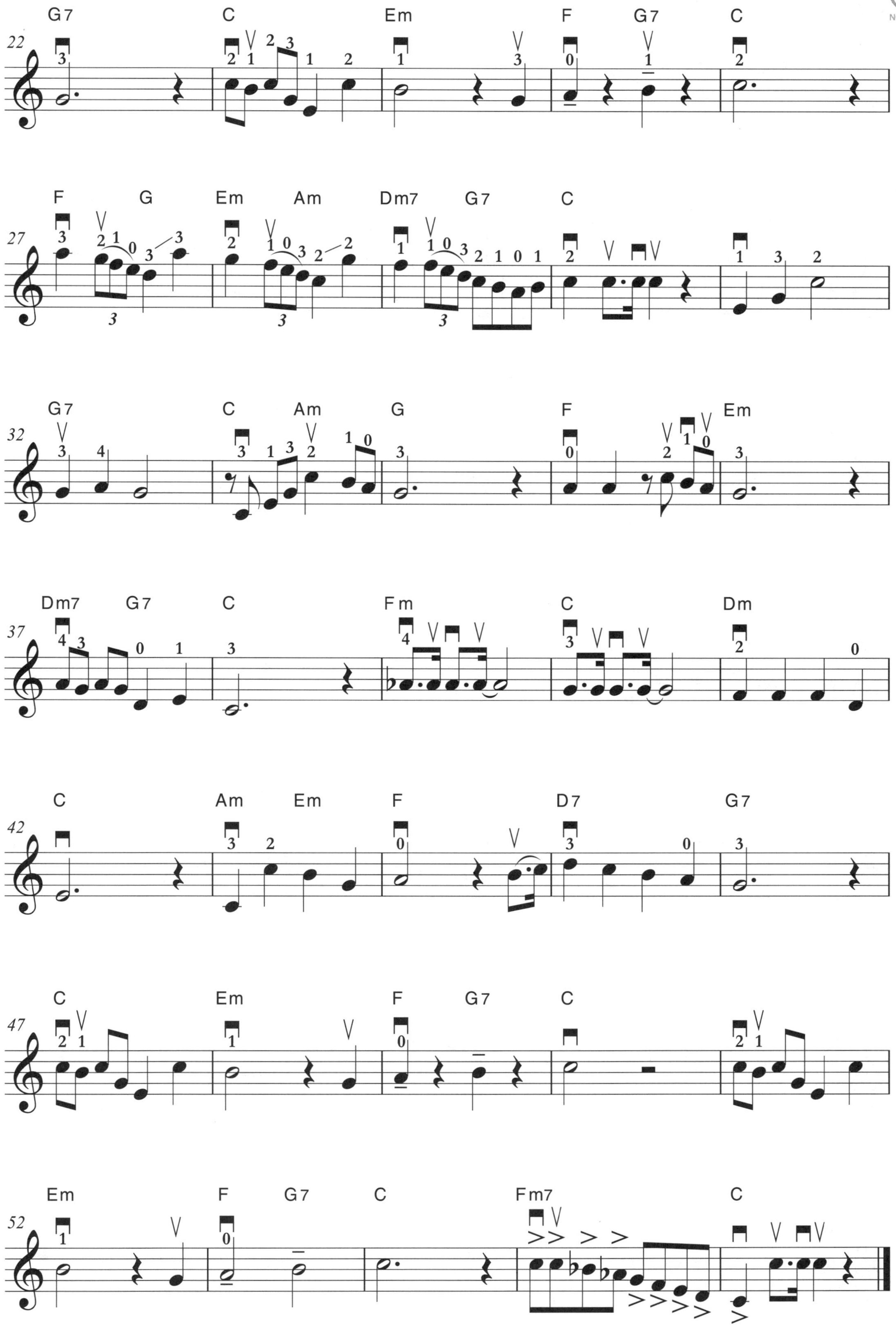

22 G7 C Em F G7 C
27 F G Em Am Dm7 G7 C
32 G7 C Am G F Em
37 Dm7 G7 C Fm C Dm
42 C Am Em F D7 G7
47 C Em F G7 C
52 Em F G7 C Fm7 C

모범 연주

이웃집 토토로 OST

바람이 지나가는 길

Hisaishi Joe 작곡

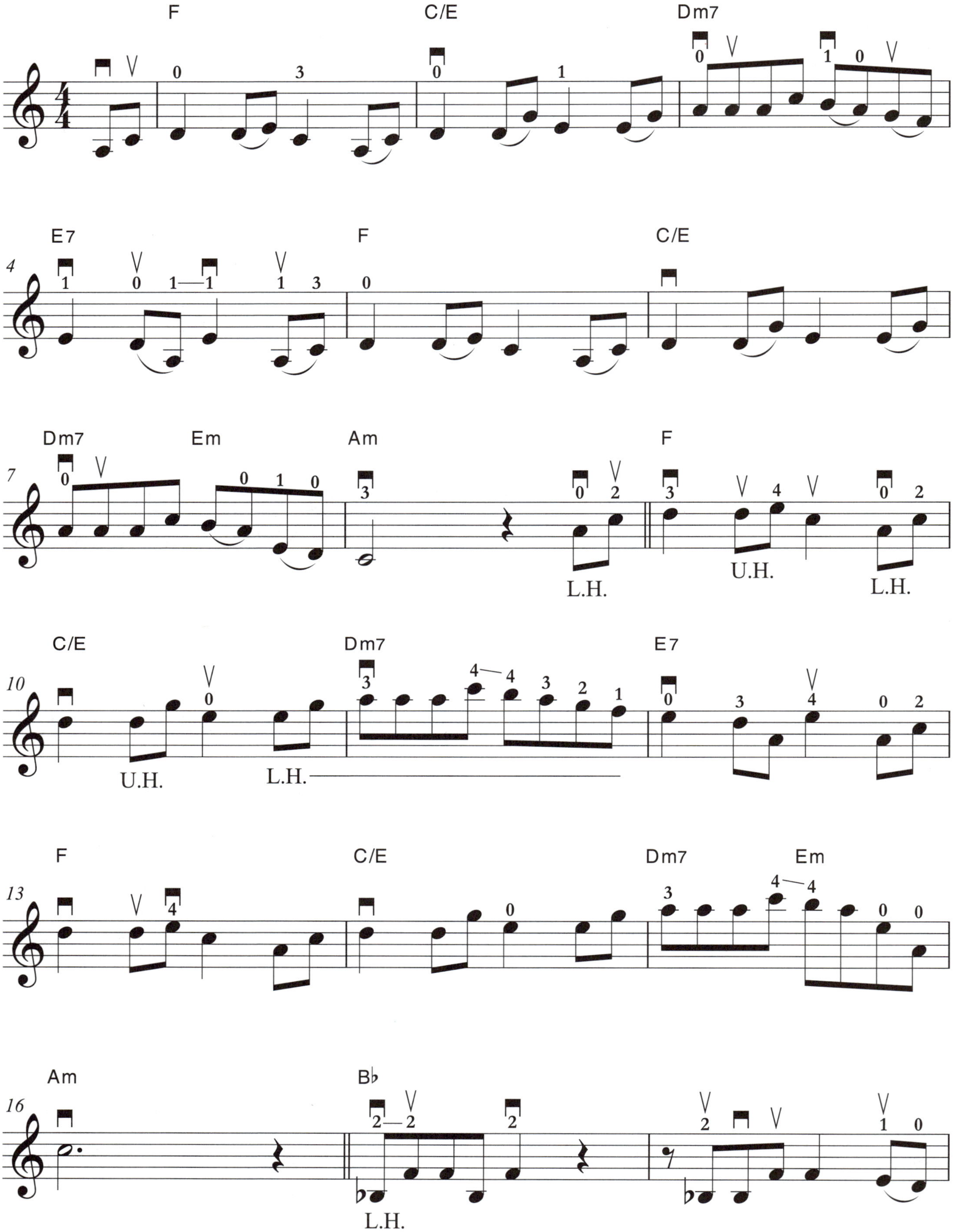

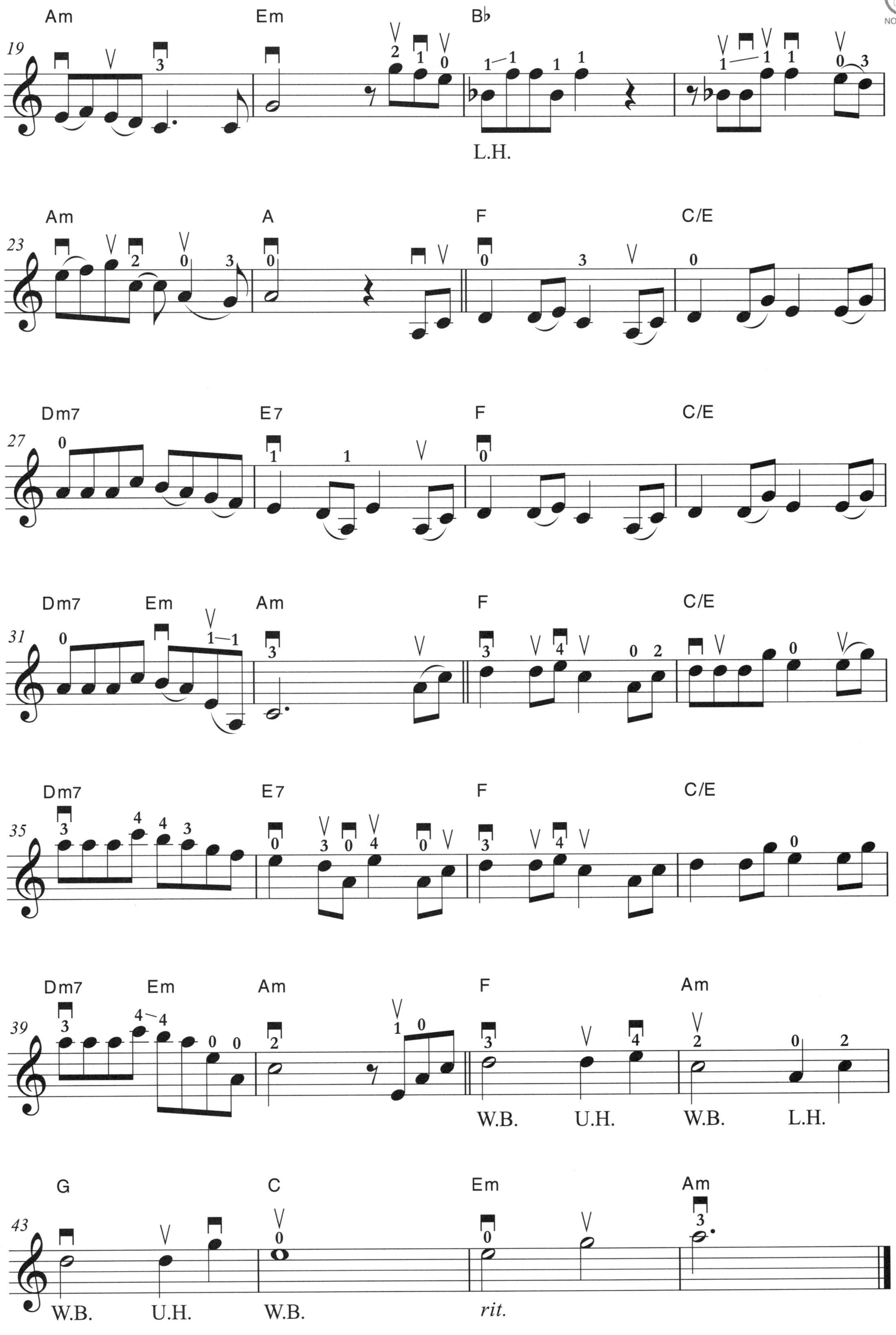
Am Em B♭
L.H.
Am A F C/E
Dm7 E7 F C/E
Dm7 Em Am F C/E
Dm7 E7 F C/E
Dm7 Em Am F Am
W.B. U.H. W.B. L.H.
G C Em Am
W.B. U.H. W.B. rit.

모범 연주 운지법

하울의 움직이는 성 OST

세계의 약속

Kimura Yumi 작곡

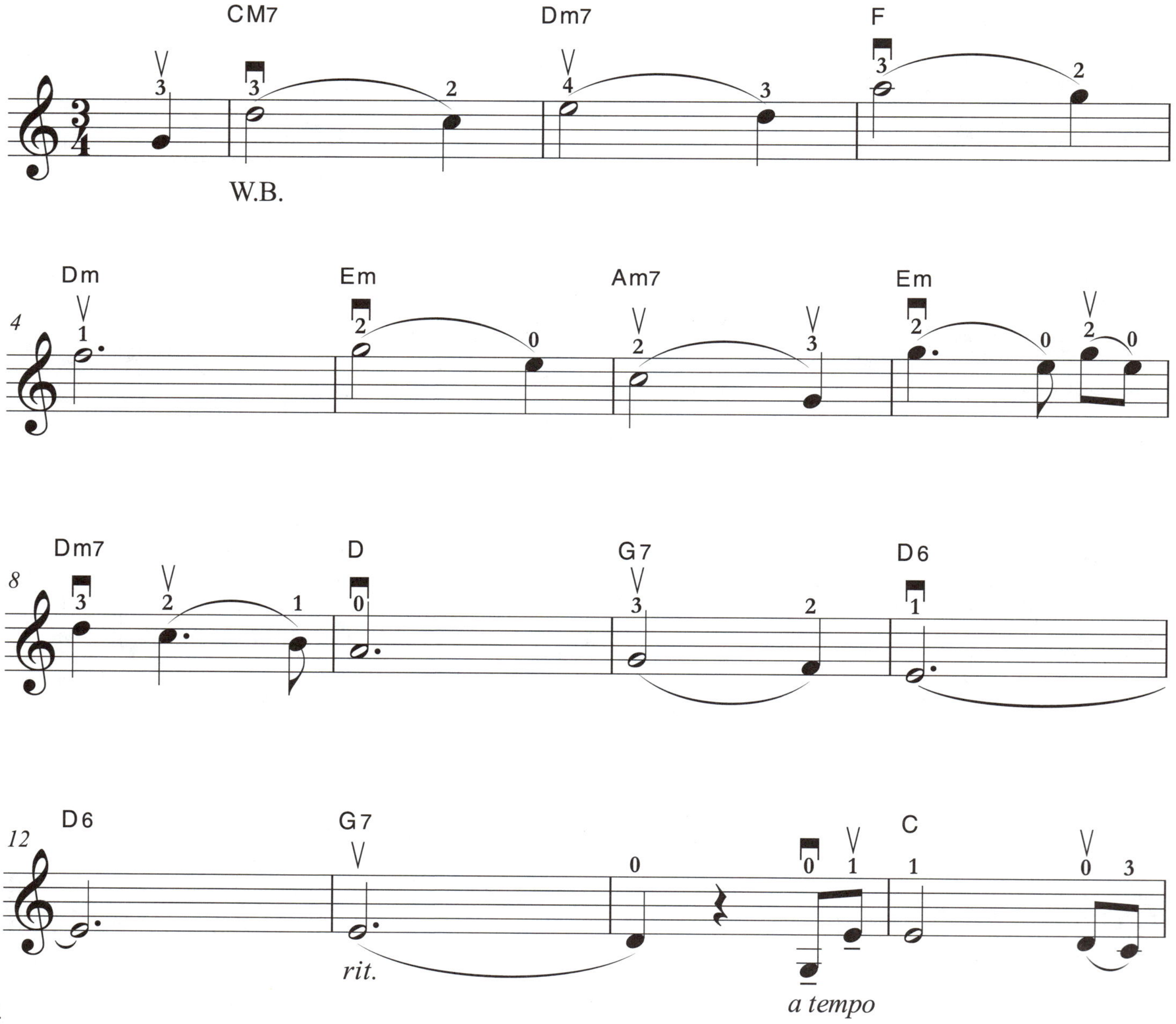

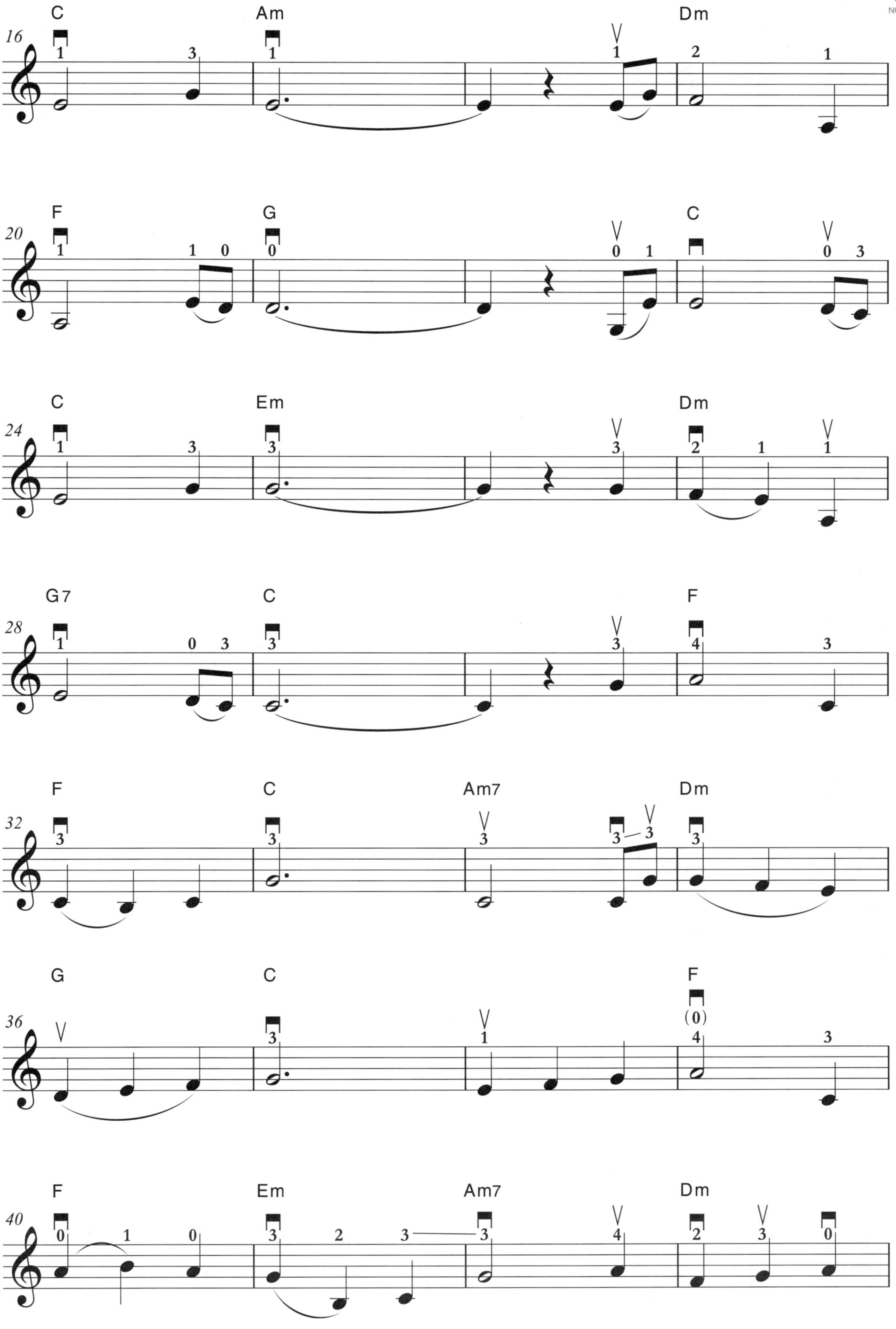

16
C Am Dm
20
F G C
24
C Em Dm
28
G7 C F
32
F C Am7 Dm
36
G C F
40
F Em Am7 Dm

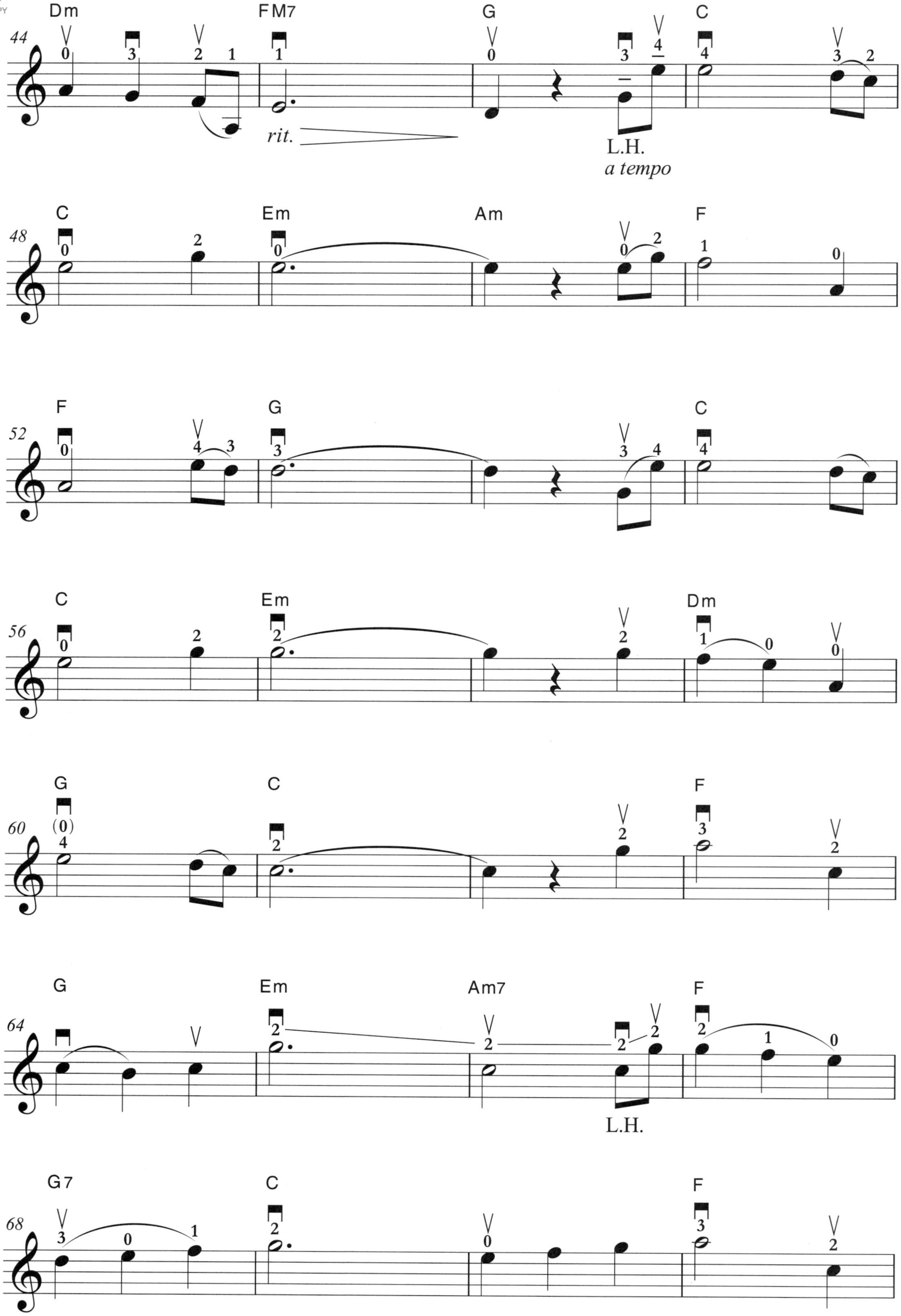
Dm
FM7
G
C
rit.
L.H.
a tempo
C
Em
Am
F
F
G
C
C
Em
Dm
G
C
F
G
Em
Am7
F
L.H.
G7
C
F

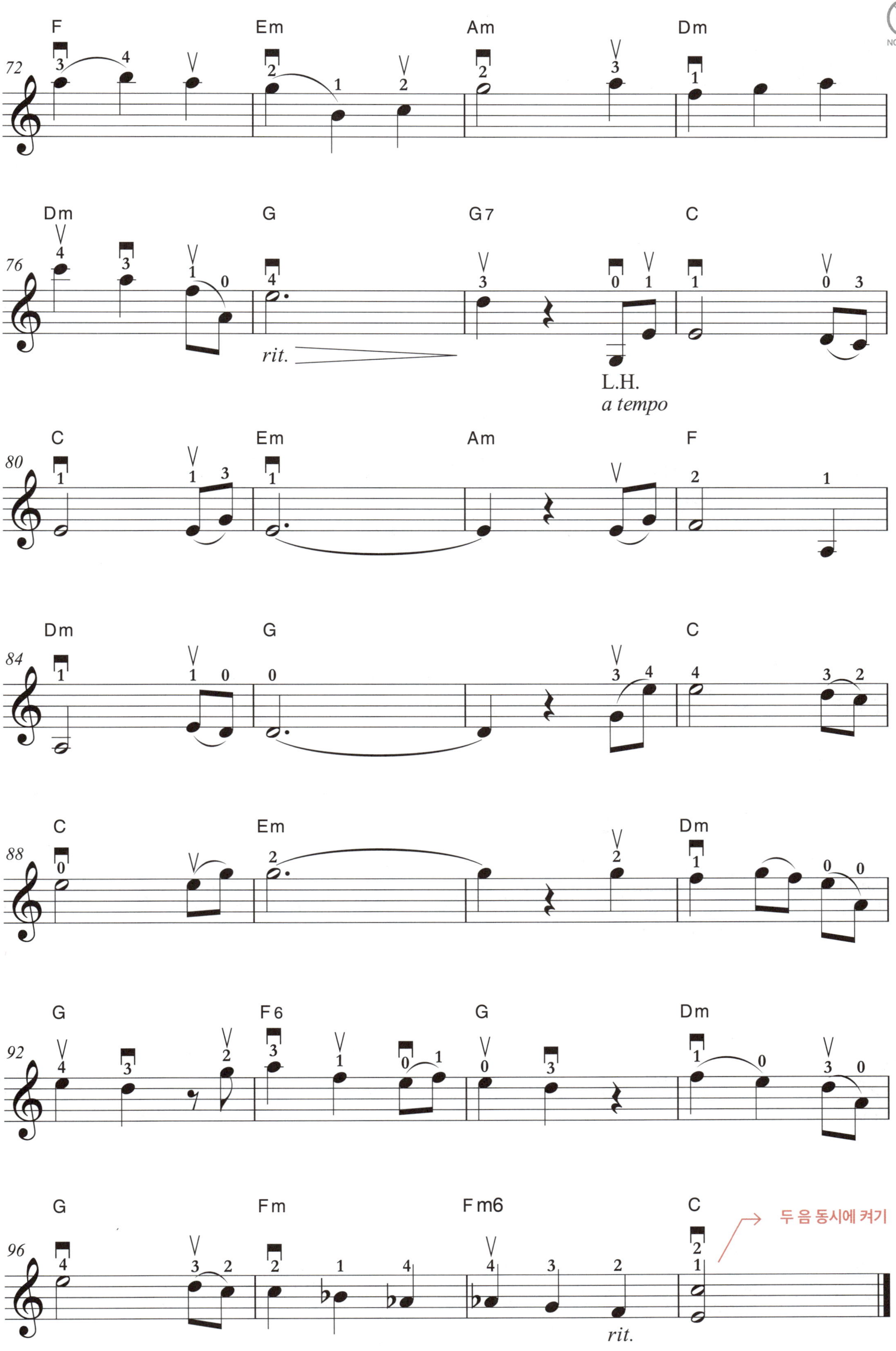
F Em Am Dm
Dm G G7 C
rit.
L.H.
a tempo
C Em Am F
Dm G C
C Em Dm
G F6 G Dm
G Fm Fm6 C
rit.
두 음 동시에 켜기

모범 연주 운지법

벼랑 위의 포뇨 OST

벼랑 위의 포뇨

Hisaishi Joe 작곡

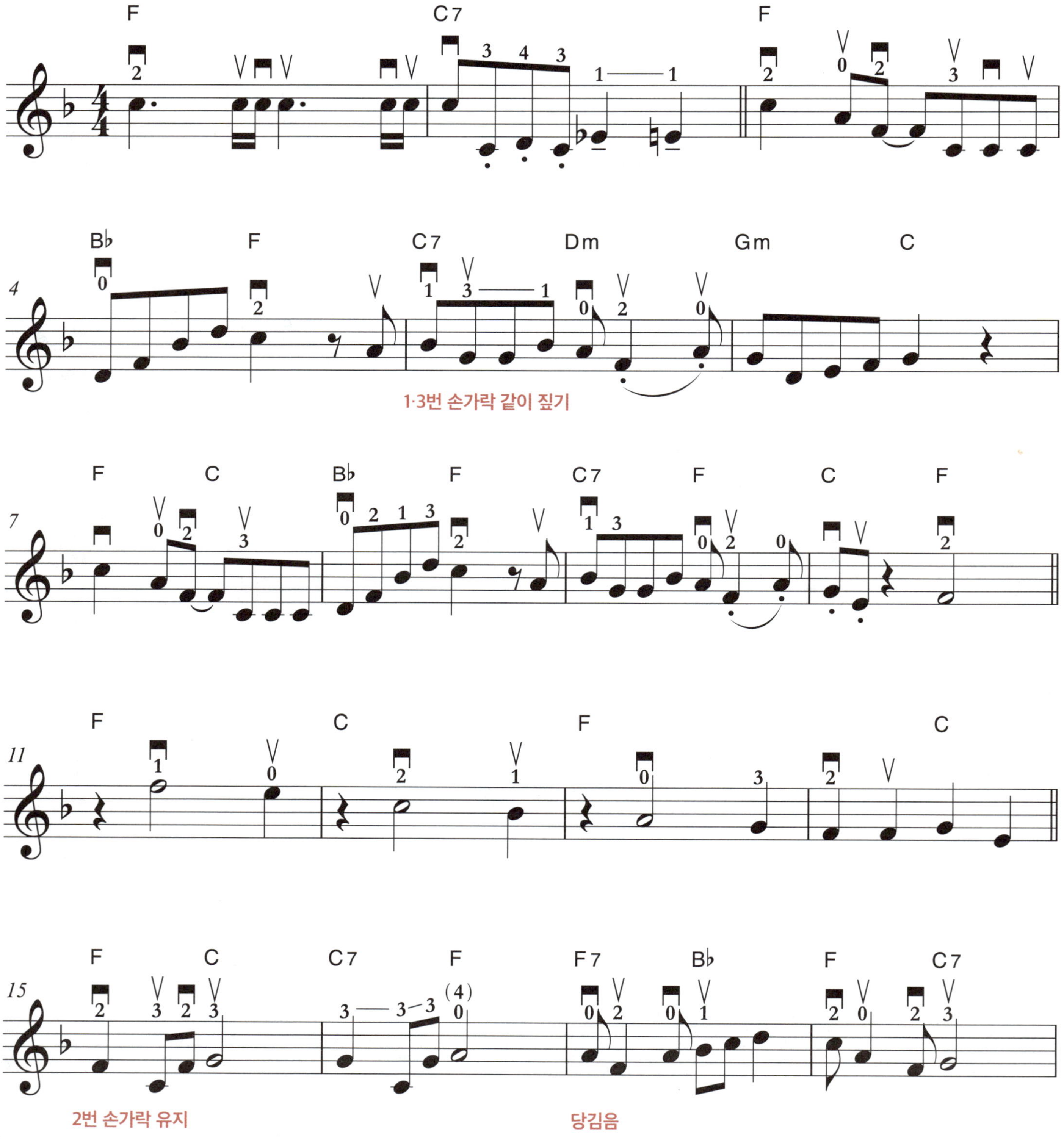

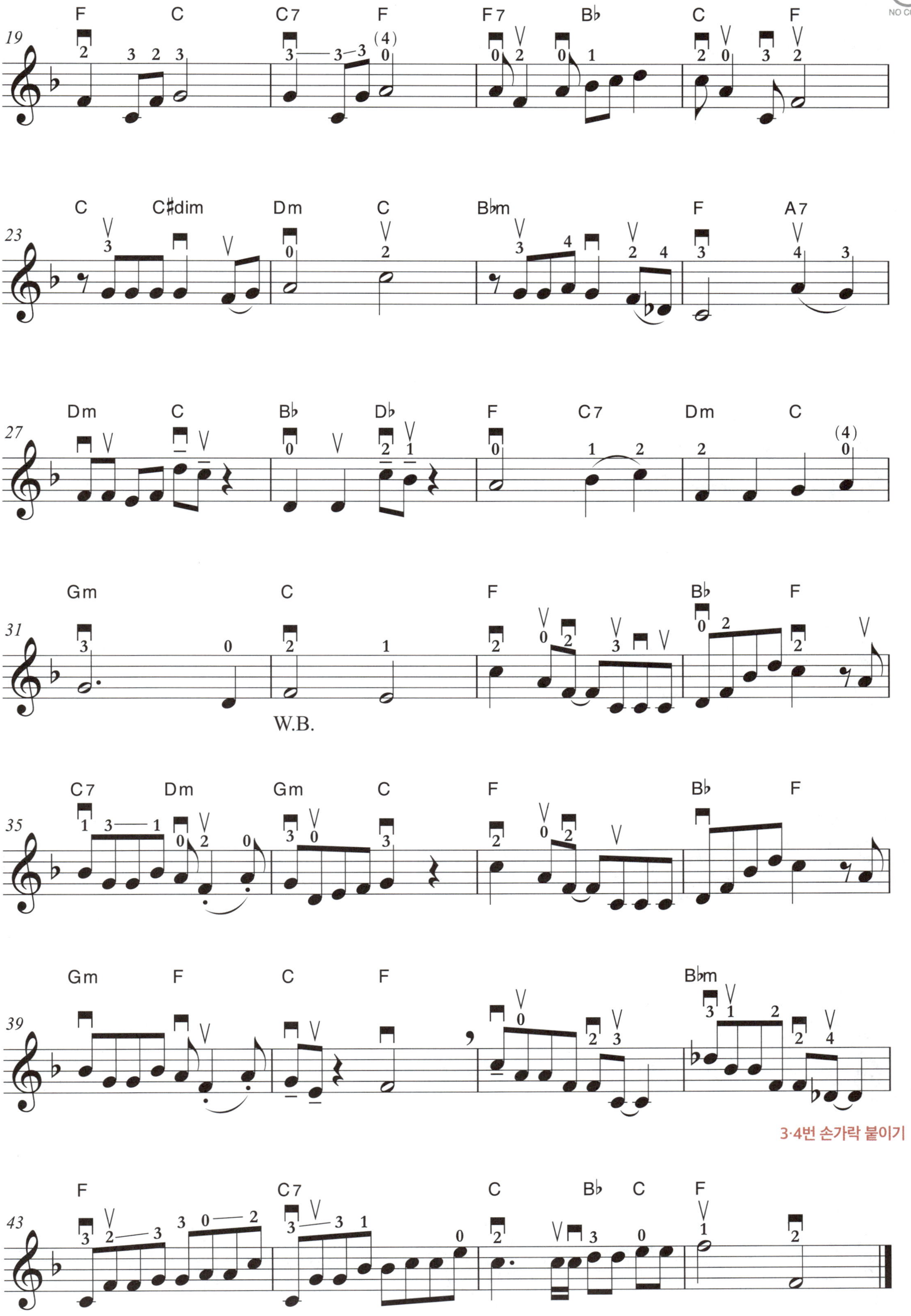
F C C7 F F7 B♭ C F
C C♯dim Dm C B♭m F A7
Dm C B♭ D♭ F C7 Dm C
Gm C F B♭ F
W.B.
C7 Dm Gm C F B♭ F
Gm F C F B♭m
3·4번 손가락 붙이기
F C7 C B♭ C F

모범 연주 운지법

이웃집 토토로 OST

오월의 마을

Hisaishi Joe 작곡

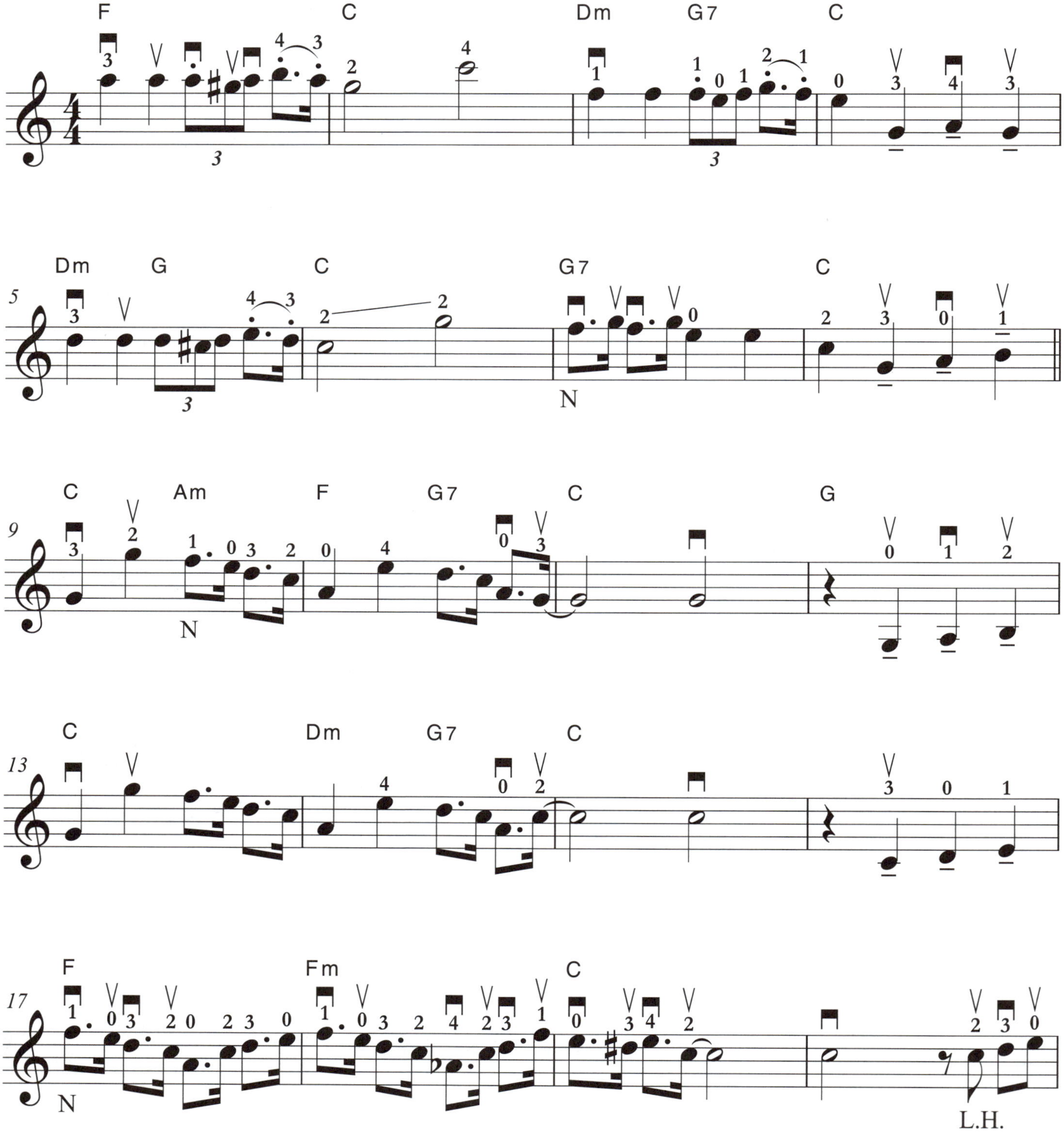

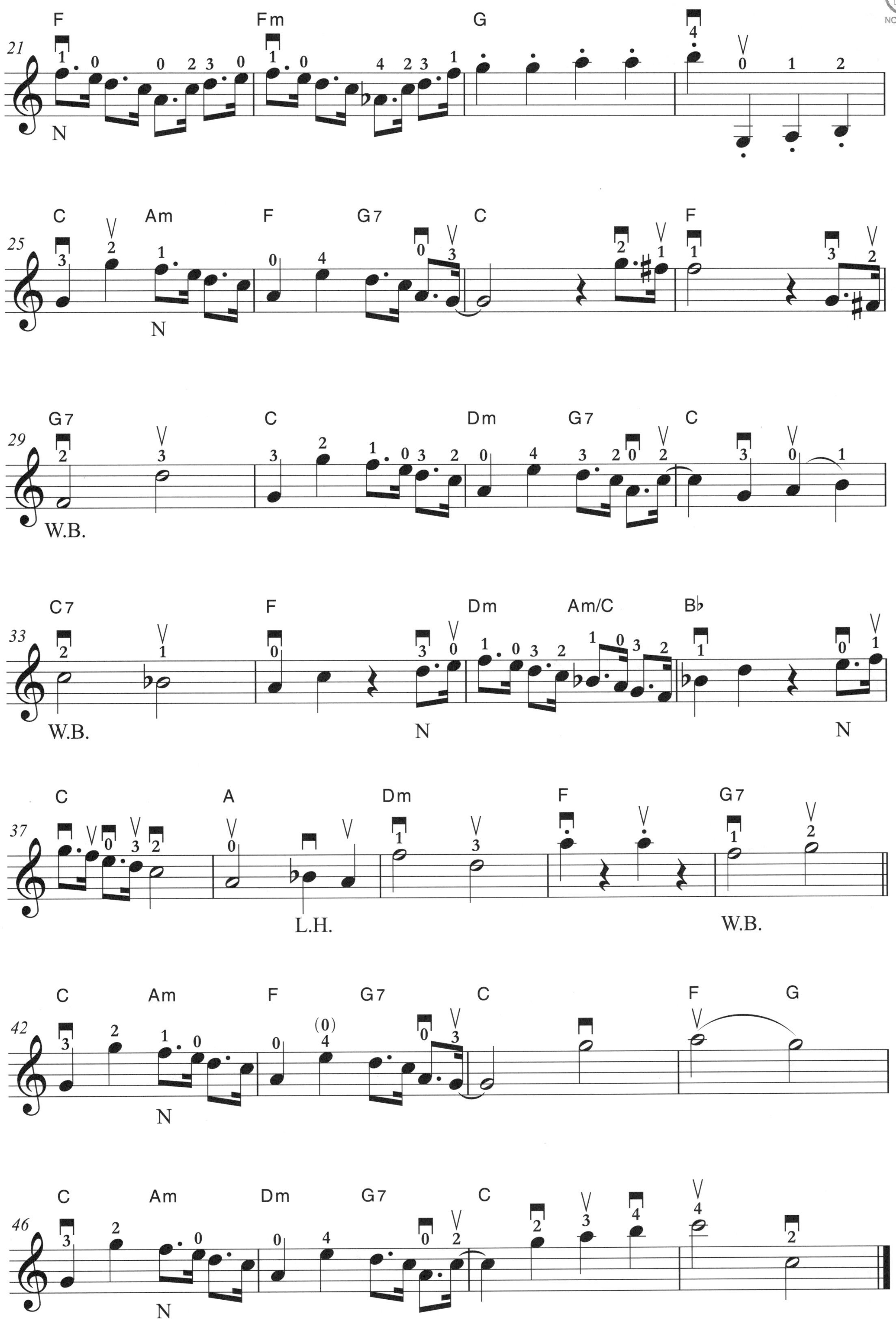
F Fm G
21
N
C Am F G7 C F
25
N
G7 C Dm G7 C
29
W.B.
C7 F Dm Am/C B♭
33
W.B.
N
N
C A Dm F G7
37
L.H.
W.B.
C Am F G7 C F G
42
N
C Am Dm G7 C
46
N

모범 연주 운지법

하울의 움직이는 성 OST

인생의 회전목마

- 𝄐(페르마타) = 2~3배 길게 늘여서 연주합니다.
- *rit.*(리타르단도) = 점점 느리게 연주합니다.
- *a tempo*(아 템포) = 원래 빠르기로 연주합니다.

Hisaishi Joe 작곡

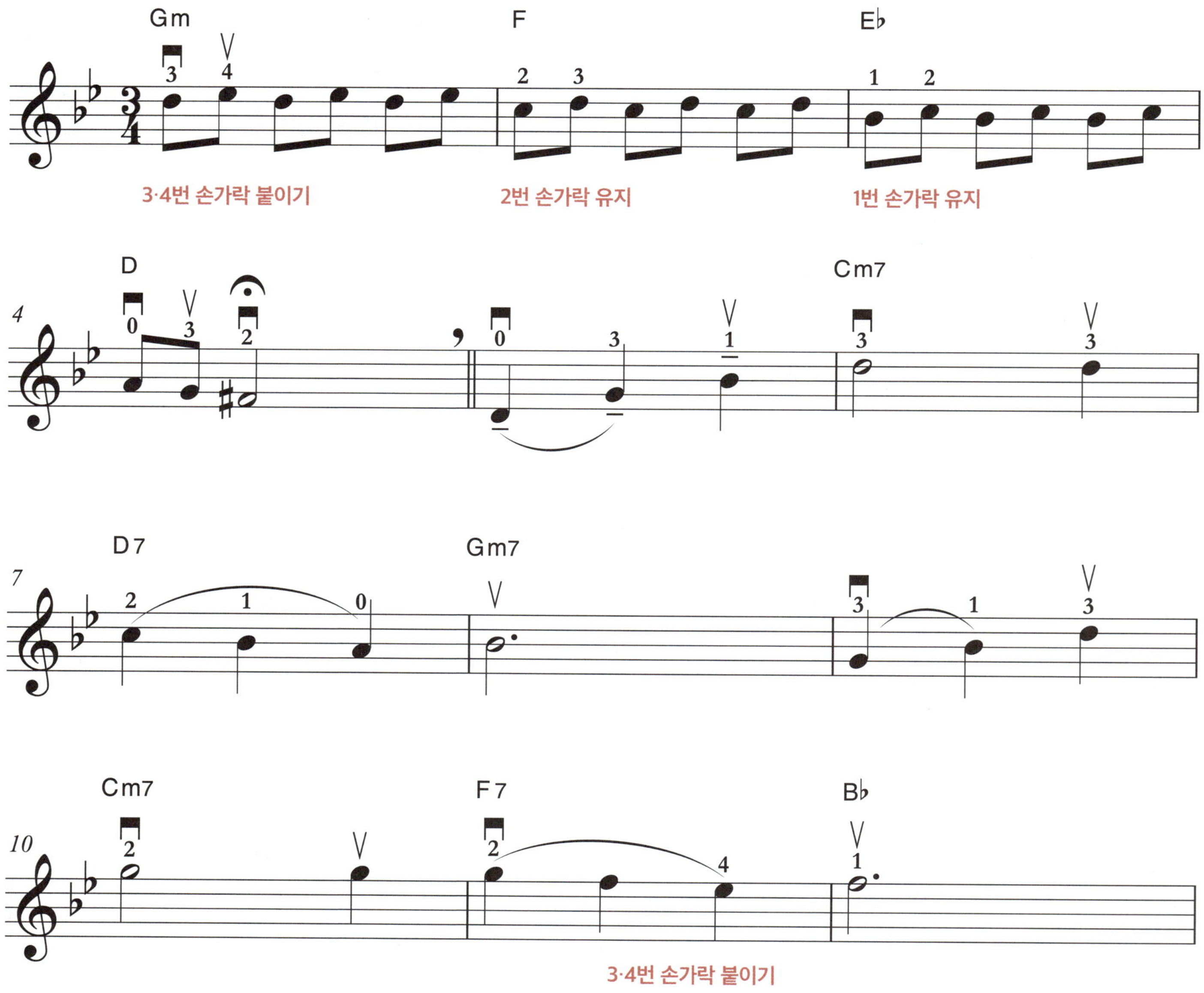

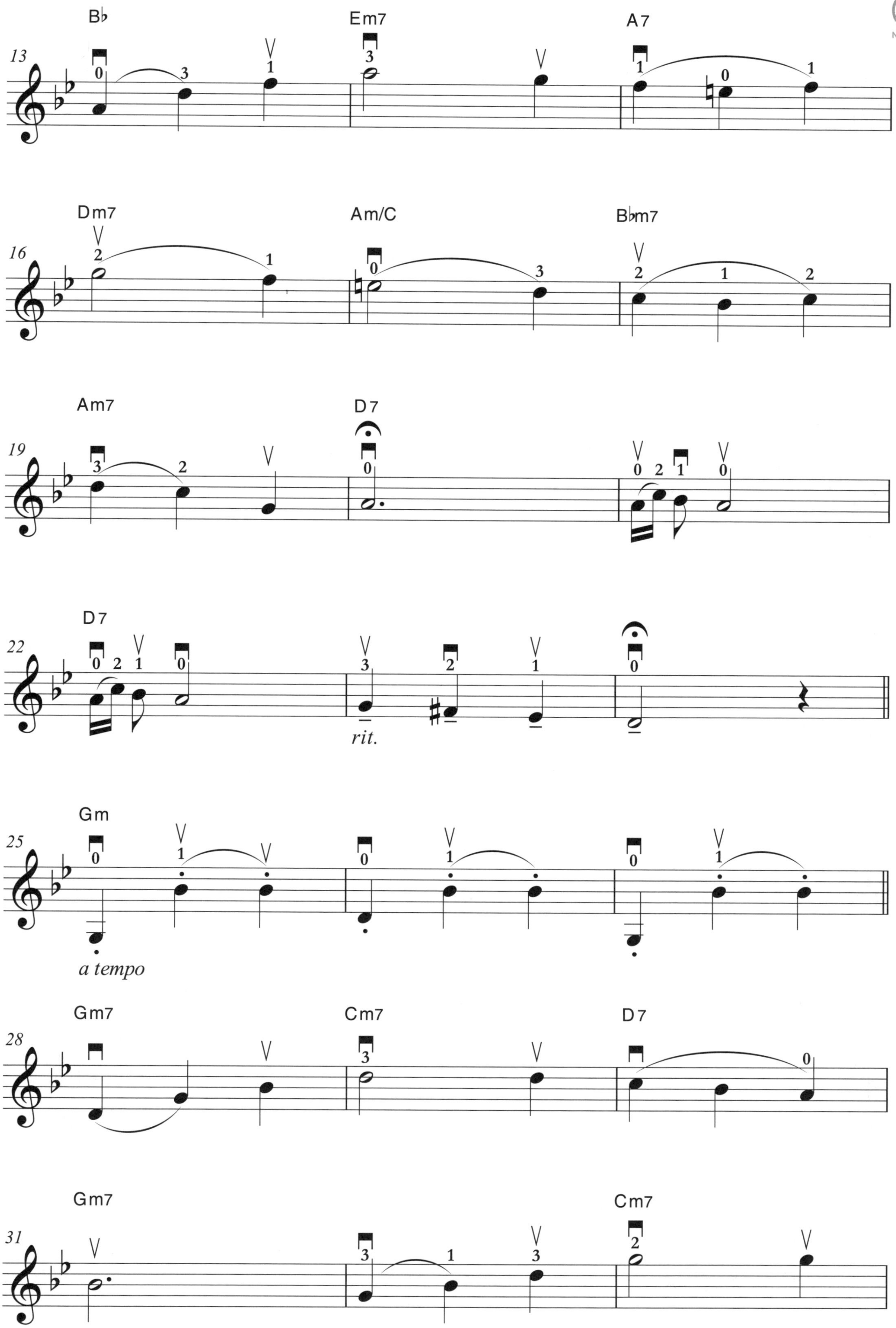
B♭
Em7
A7
Dm7
Am/C
B♭m7
Am7
D7
D7
rit.
Gm
a tempo
Gm7
Cm7
D7
Gm7
Cm7

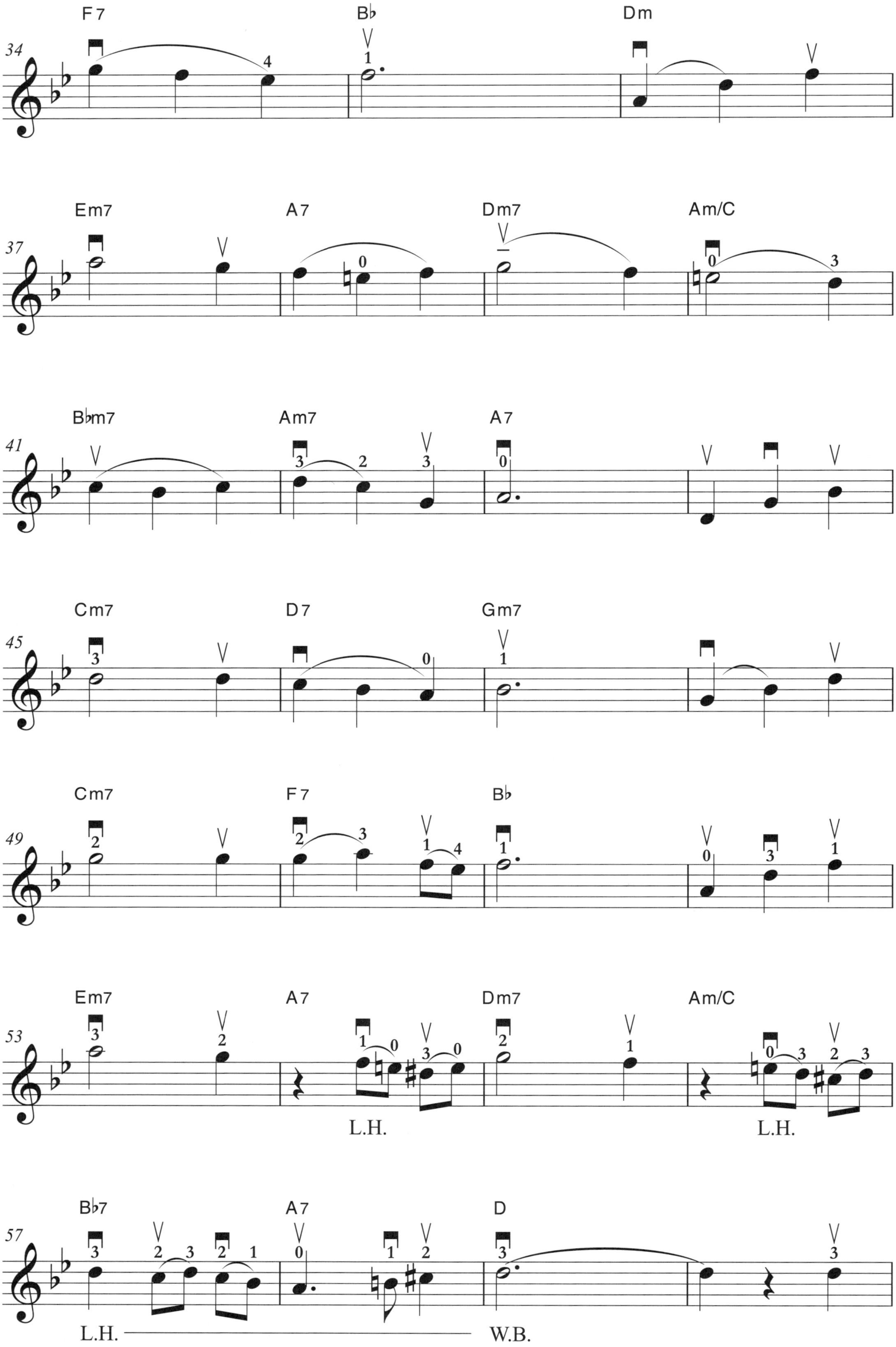
F7
B♭
Dm
Em7
A7
Dm7
Am/C
B♭m7
Am7
A7
Cm7
D7
Gm7
Cm7
F7
B♭
Em7
A7
Dm7
Am/C
L.H.
L.H.
B♭7
A7
D
L.H.
W.B.

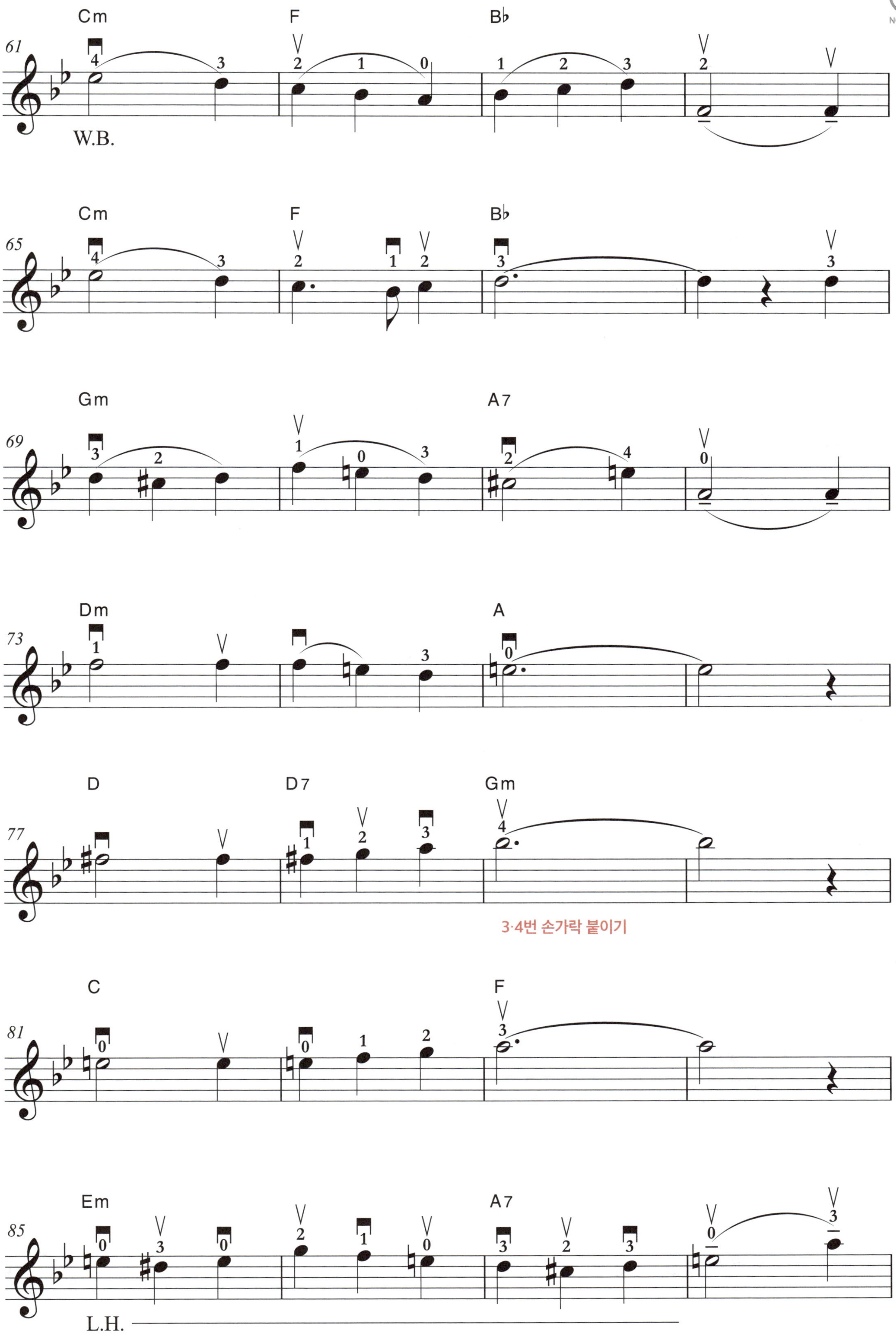
Cm
F
B♭
W.B.
Cm
F
B♭
Gm
A7
Dm
A
D
D7
Gm
3·4번 손가락 붙이기
C
F
Em
A7
L.H.

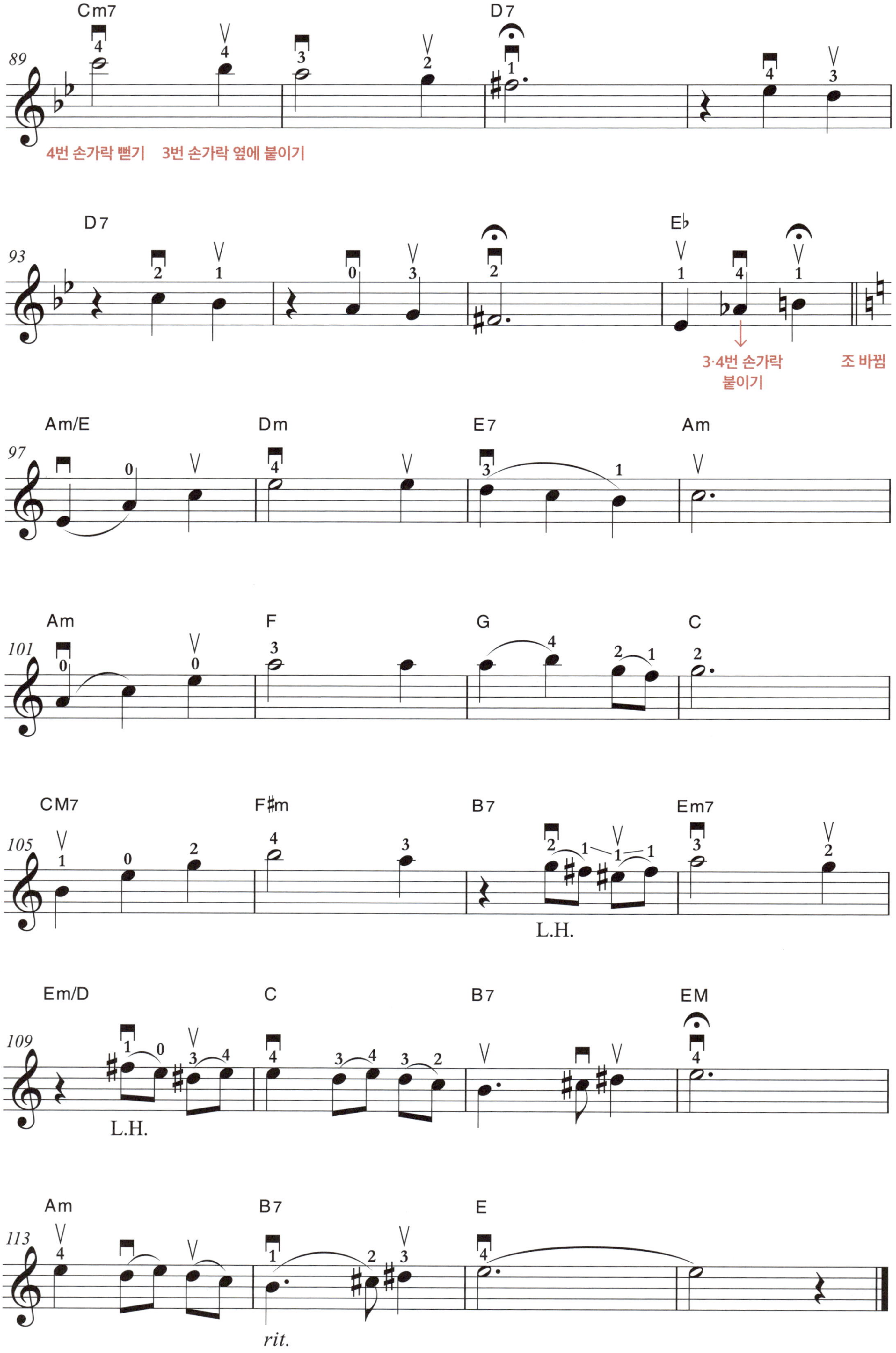
Cm7
D7
4번 손가락 뻗기
3번 손가락 옆에 붙이기
D7
E♭
3·4번 손가락 붙이기
조 바뀜
Am/E
Dm
E7
Am
Am
F
G
C
CM7
F♯m
B7
Em7
L.H.
Em/D
C
B7
EM
L.H.
Am
B7
E
rit.

바이올린 2중주 연주

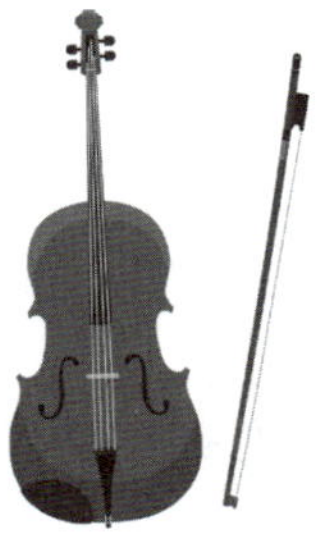

마녀 배달부 키키 OST

바다가 보이는 마을

모범 연주

- 1·2바이올린 파트를 바꿔가면서 즐겁게 연주해 봅니다.
- pizz.(피치카토)와 arco(아르코)를 잘 지켜 연주합니다.

Hisaishi Joe 작곡

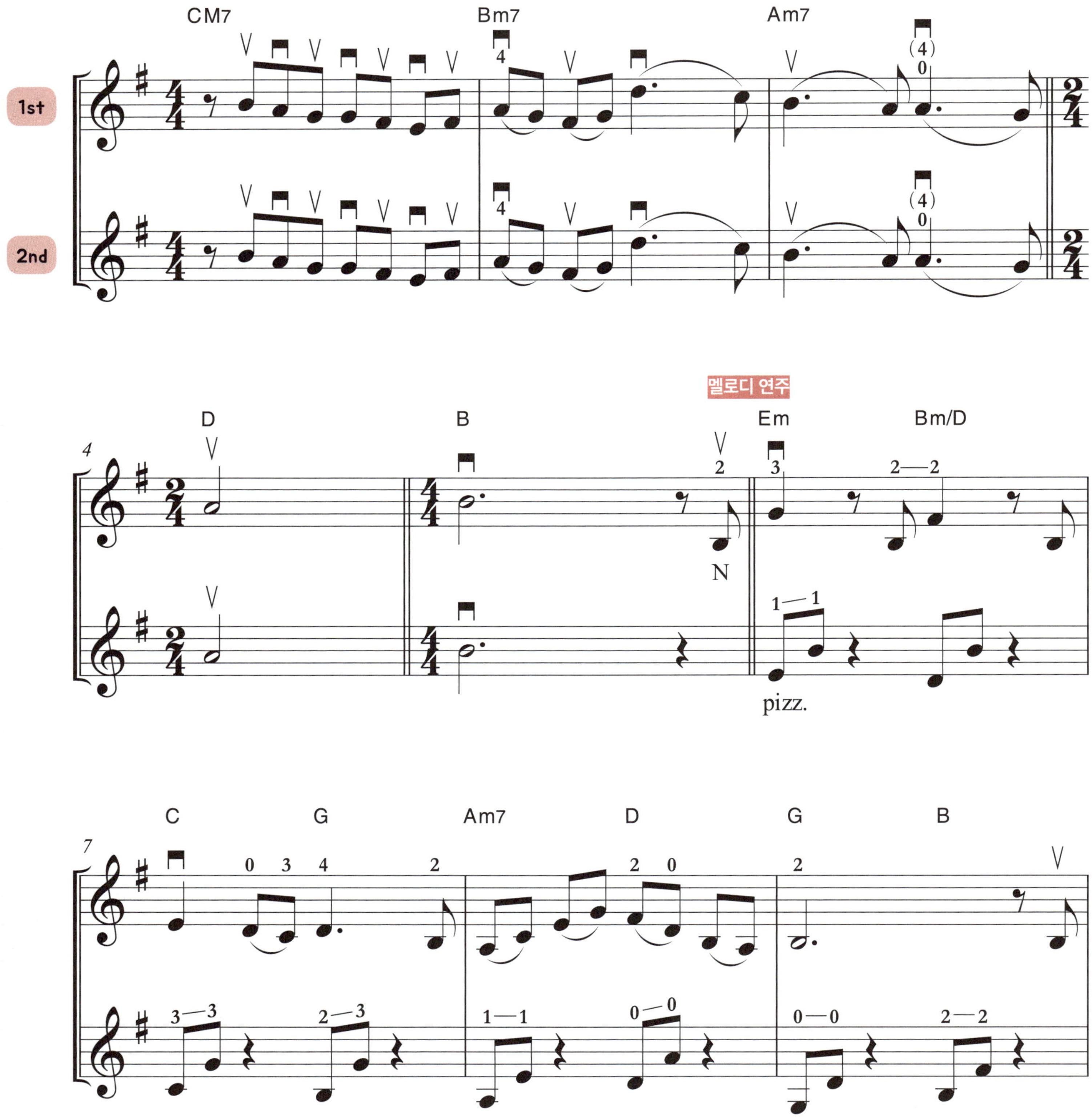

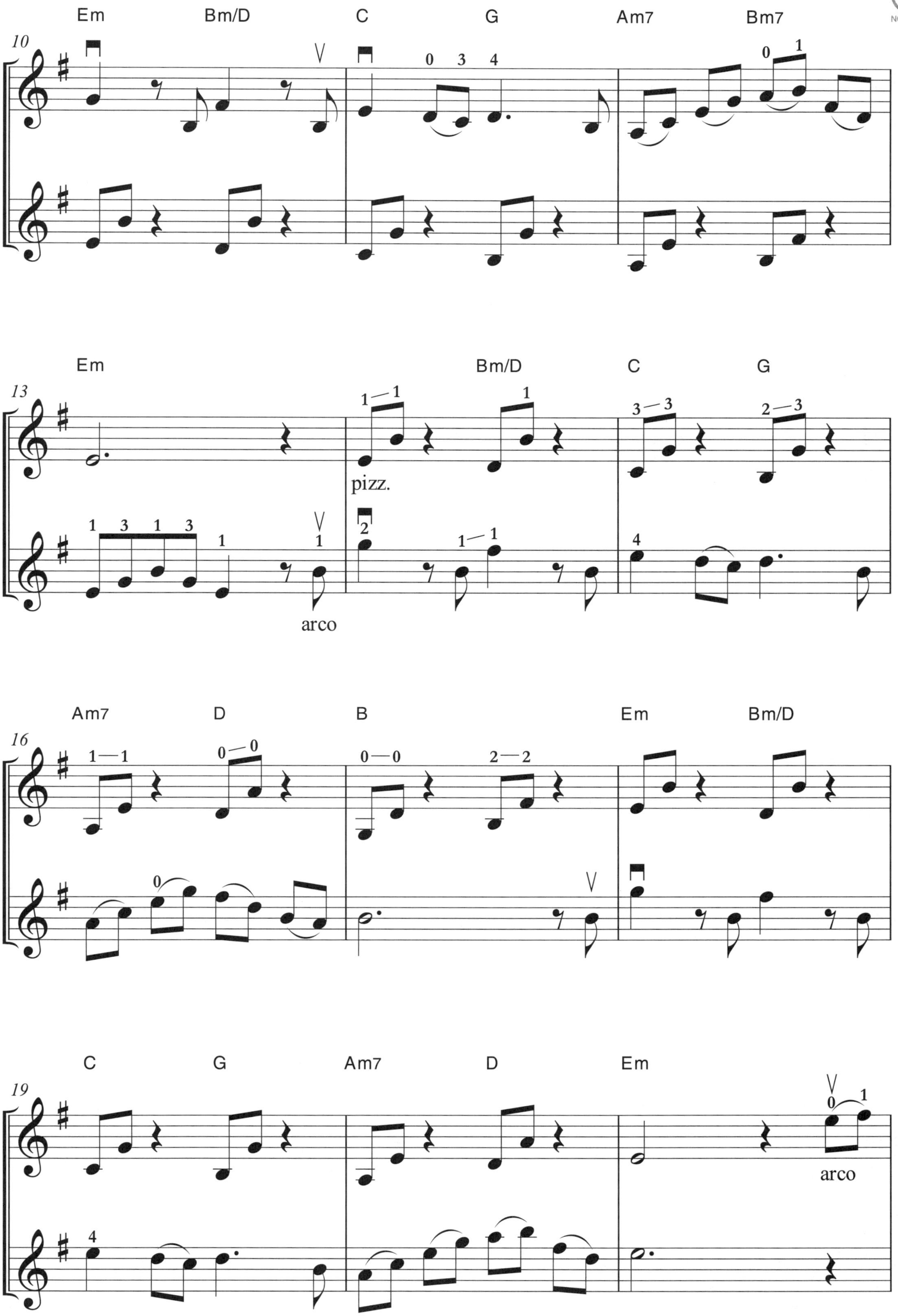
Em Bm/D C G Am7 Bm7
10
Em Bm/D C G
13
pizz.
arco
Am7 D B Em Bm/D
16
C G Am7 D Em
19
arco

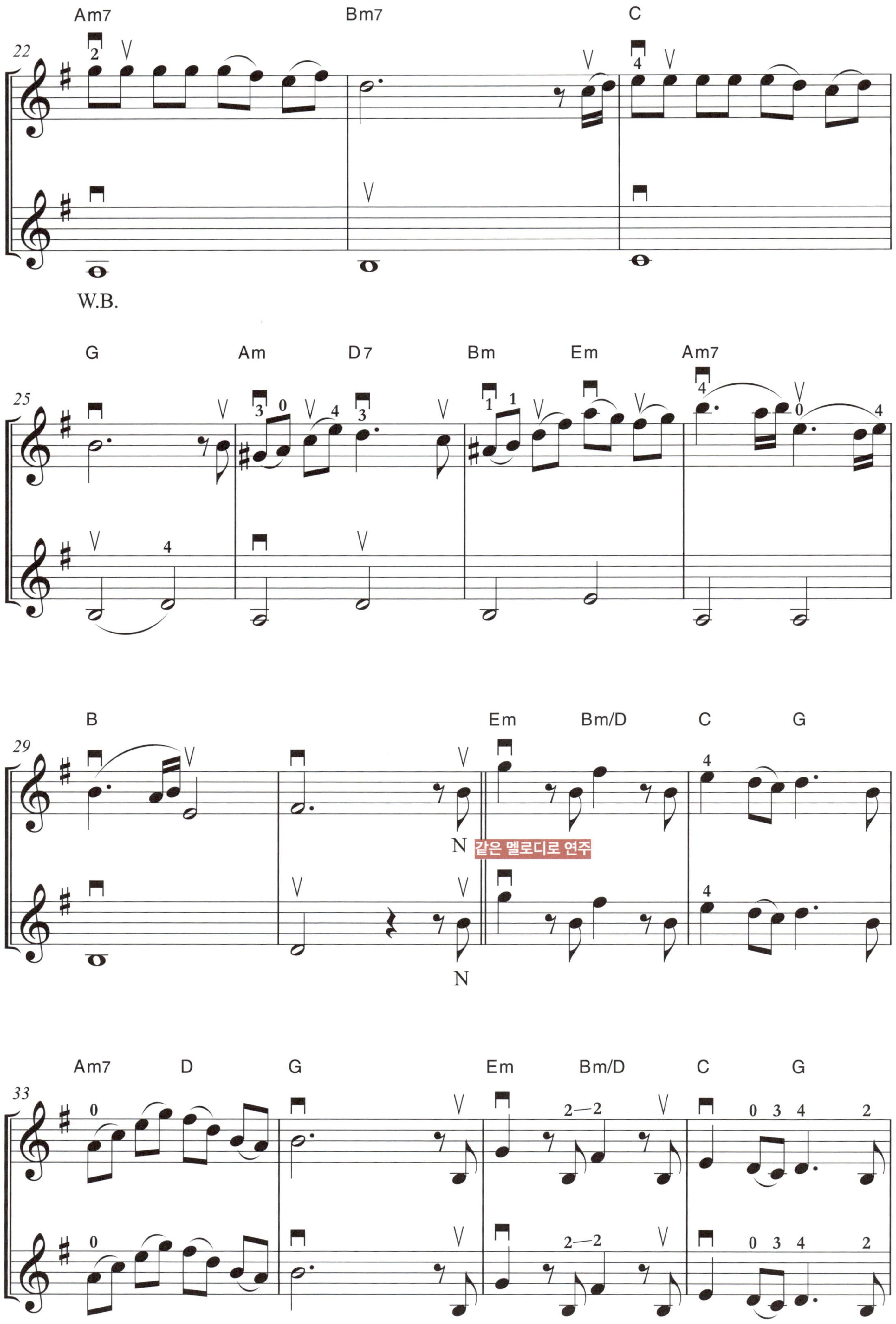
Am7
Bm7
C
W.B.
G
Am
D7
Bm
Em
Am7
B
Em
Bm/D
C
G
N
같은 멜로디로 연주
N
Am7
D
G
Em
Bm/D
C
G

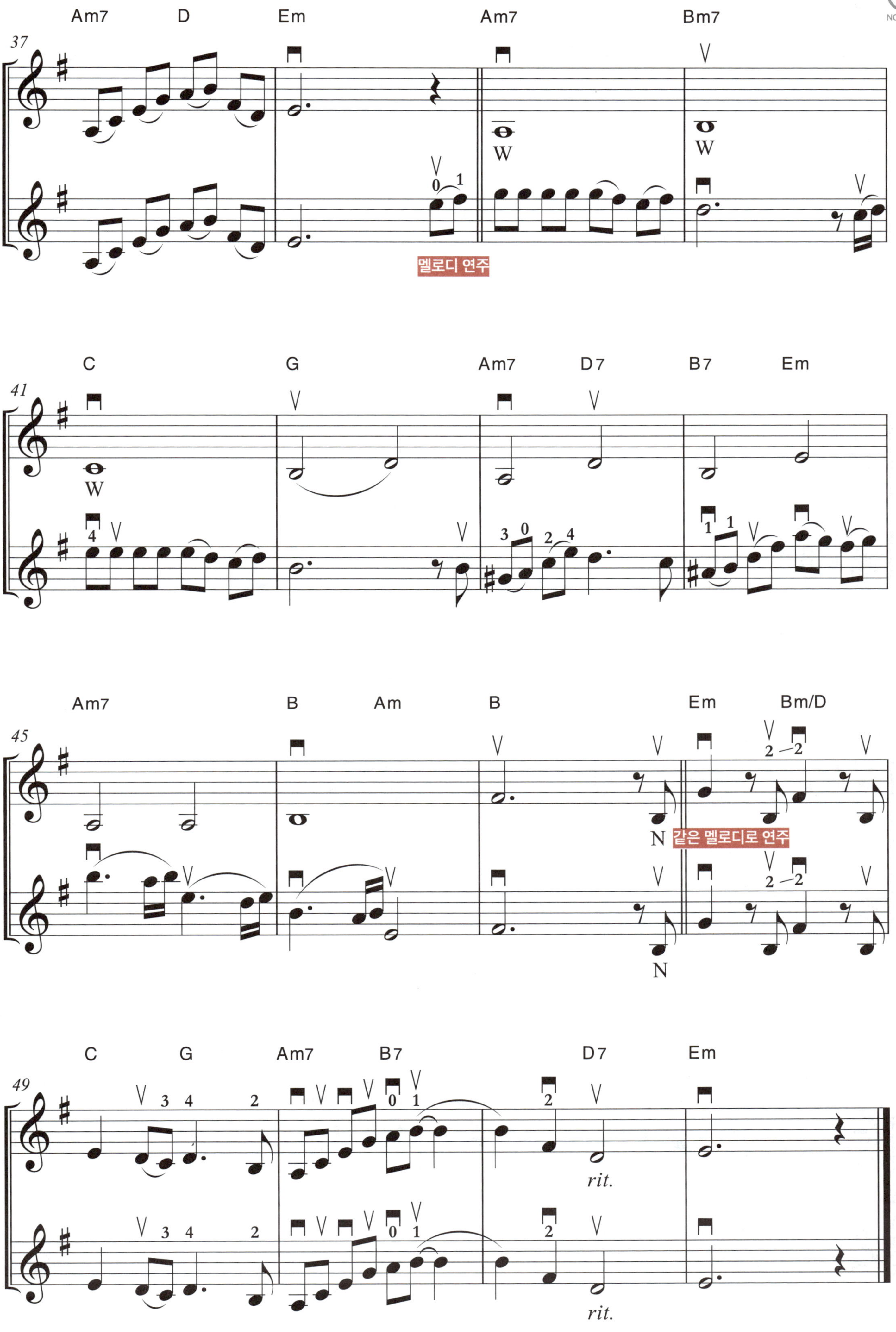
Am7 D Em Am7 Bm7
멜로디 연주
C G Am7 D7 B7 Em
Am7 B Am B Em Bm/D
같은 멜로디로 연주
C G Am7 B7 D7 Em
rit.
rit.

센과 치히로의 행방불명 OST

언제나 몇 번이라도

모범 연주

- 멜로디를 1·2 바이올린이 주고 받으면서 pizz.와 arco를 연주합니다.
- pizz. 연주는 90도로 현을 뜯지 않고 팔을 앞으로 살짝 뻗으면서 위로 튕겨 소리냅니다.

Kimura Yumi 작곡

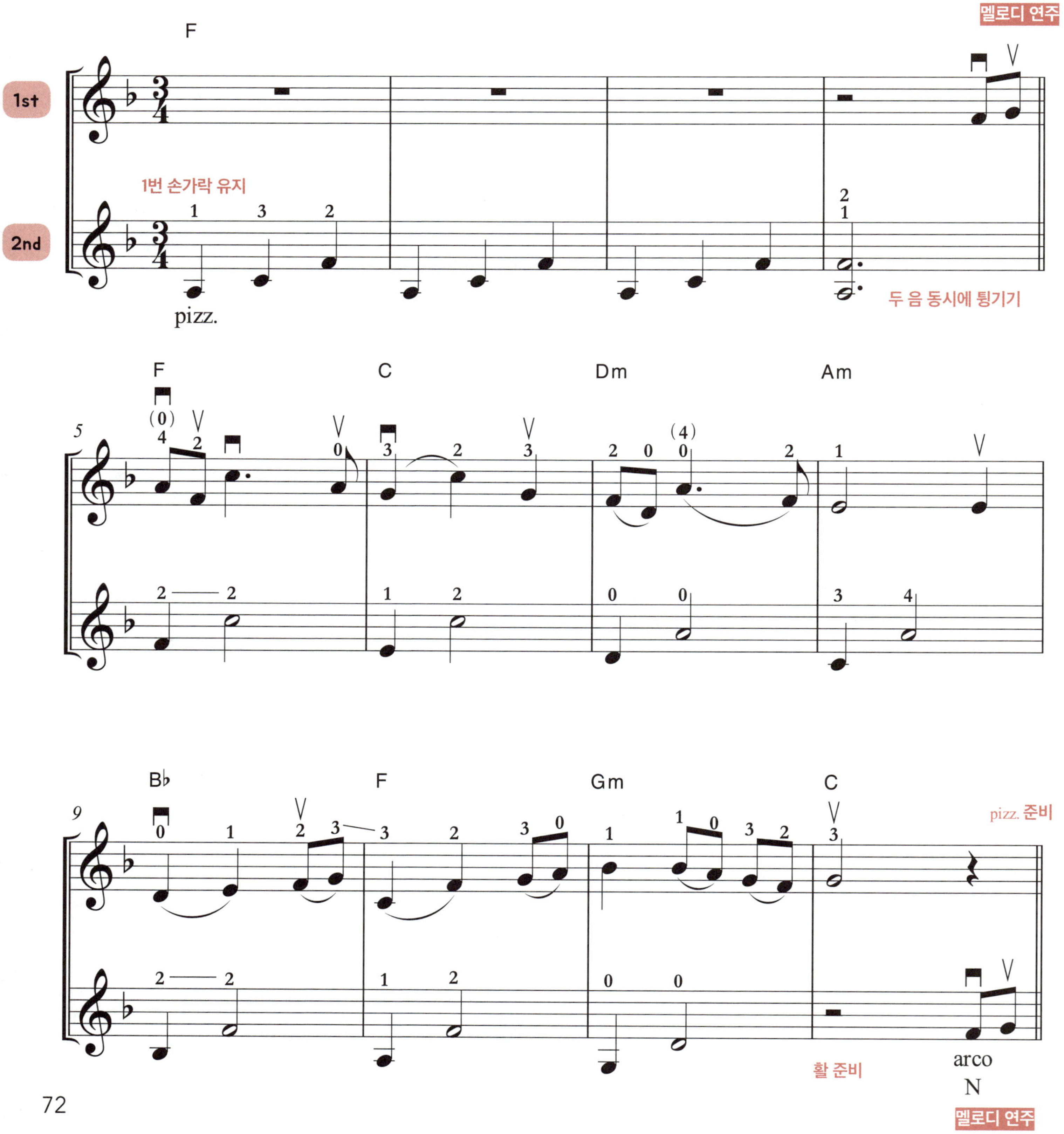

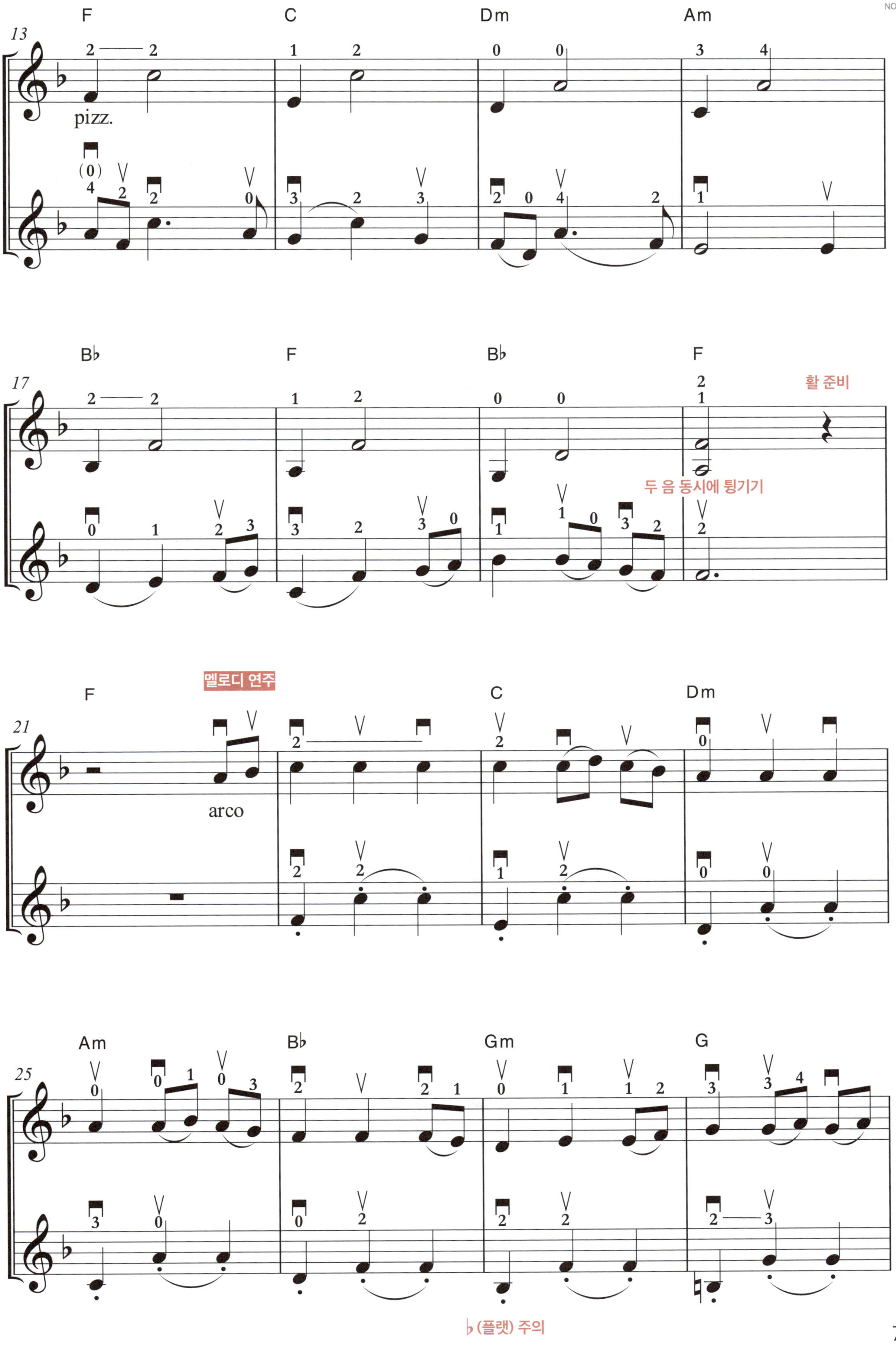
F
C
Dm
Am
pizz.
B♭
F
B♭
F
활 준비
두 음 동시에 튕기기
F
멜로디 연주
C
Dm
arco
Am
B♭
Gm
G
♭(플랫) 주의

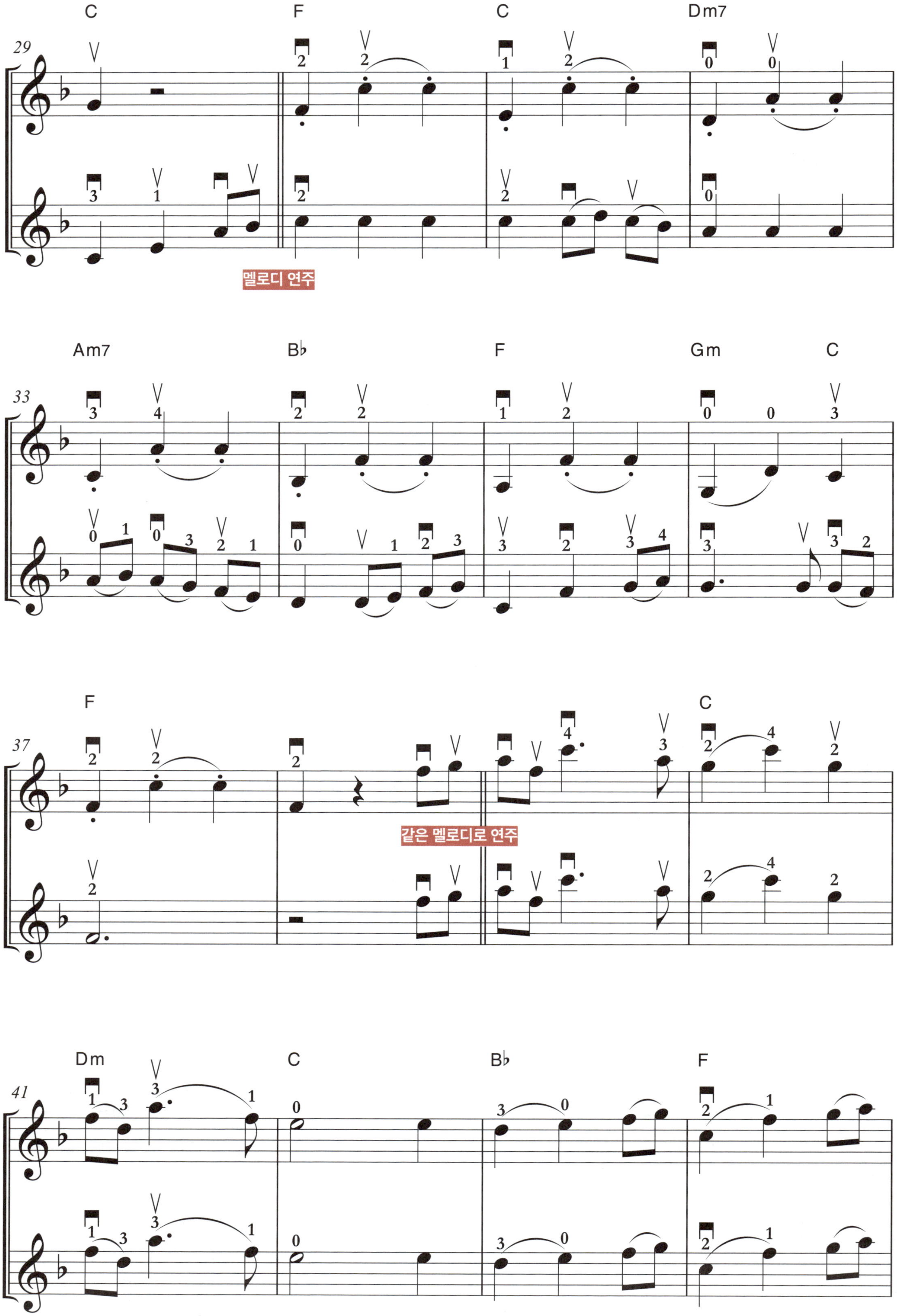

C F C Dm7
29
멜로디 연주
Am7 B♭ F Gm C
33
F C
37
같은 멜로디로 연주
Dm C B♭ F
41

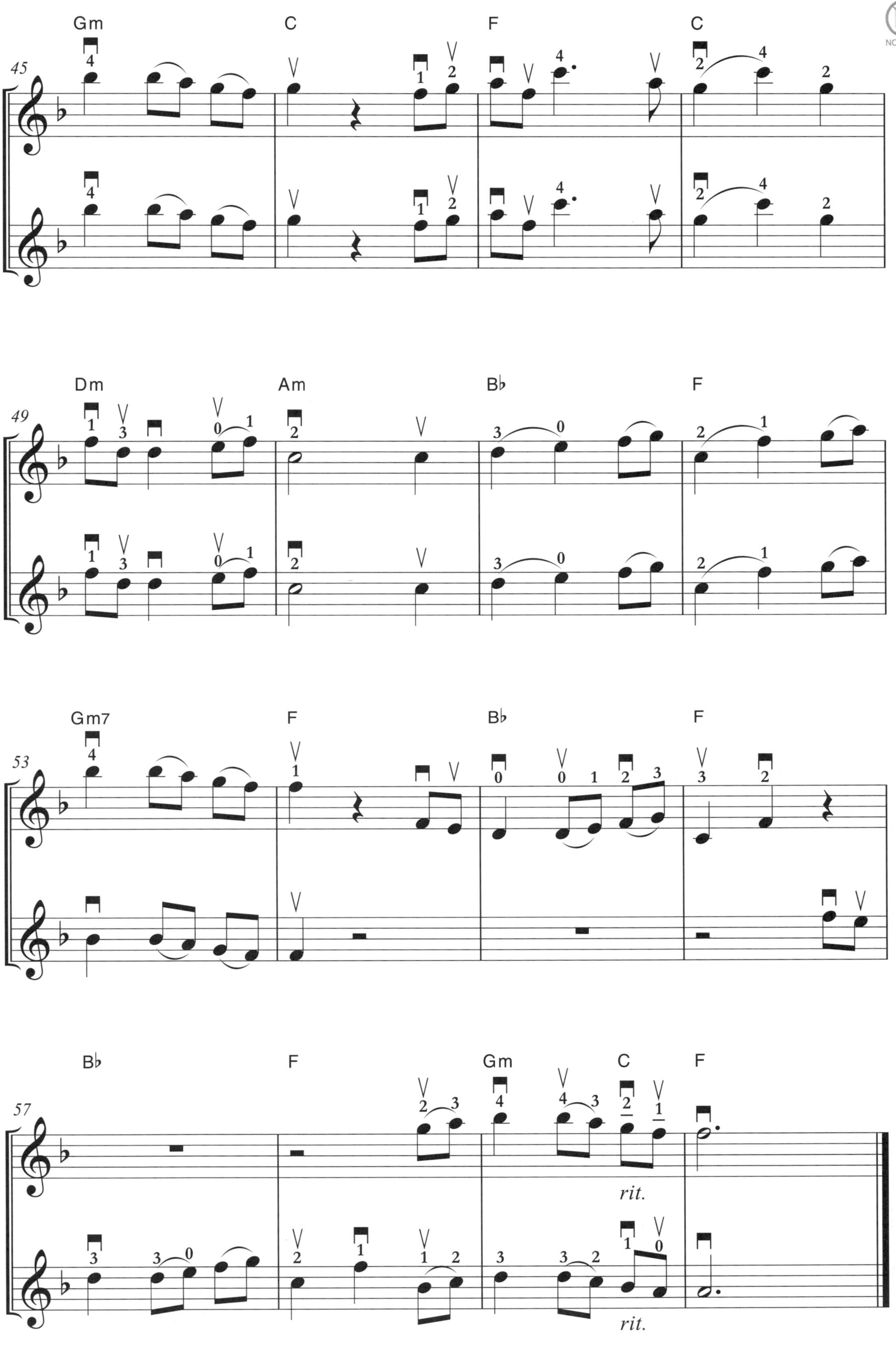
Gm
C
F
C
45
Dm
Am
B♭
F
49
Gm7
F
B♭
F
53
B♭
F
Gm
C
F
57
rit.
rit.

모범 연주

이웃집 토토로 OST

산책

Nakagawa Rieko, Hisaishi Joe 작곡

연습해 보기

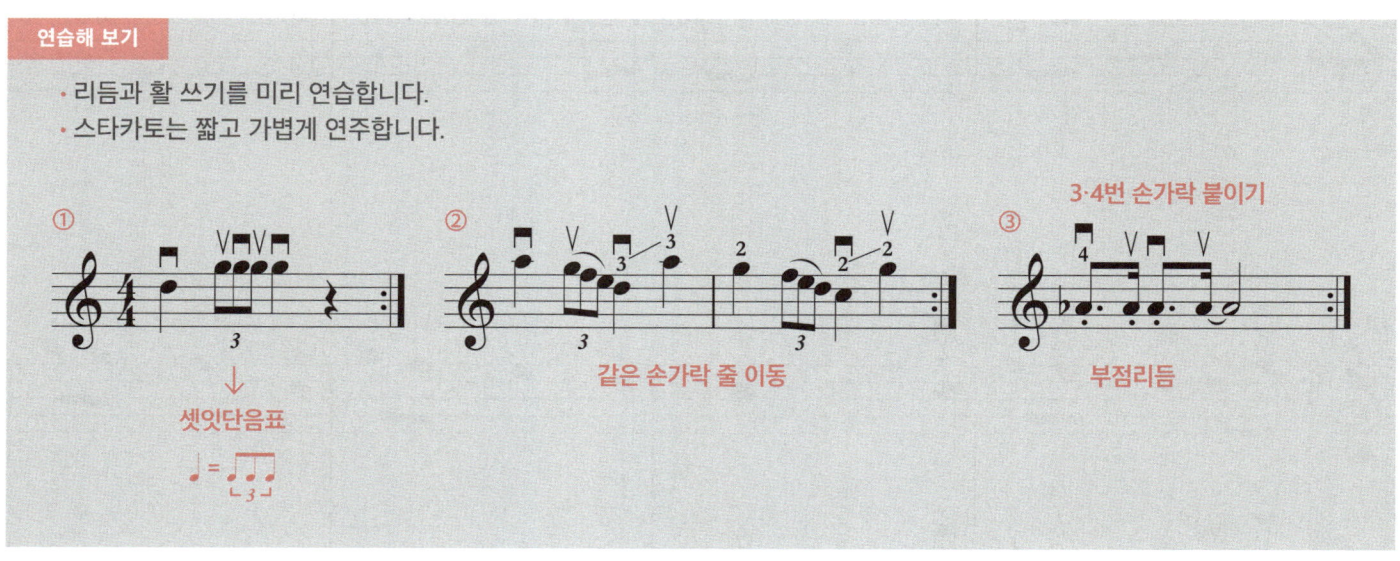

- 리듬과 활 쓰기를 미리 연습합니다.
- 스타카토는 짧고 가볍게 연주합니다.

①

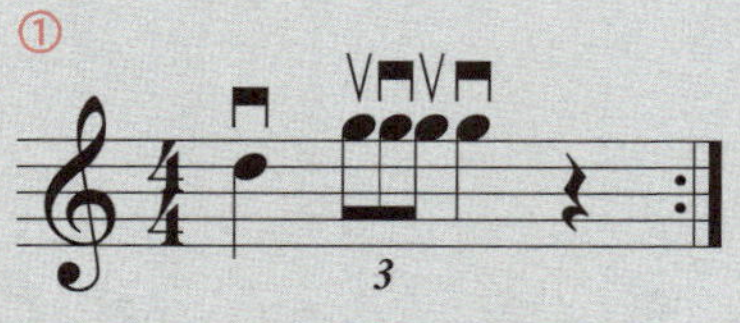

↓ 셋잇단음표

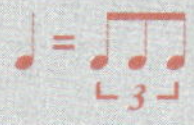

②

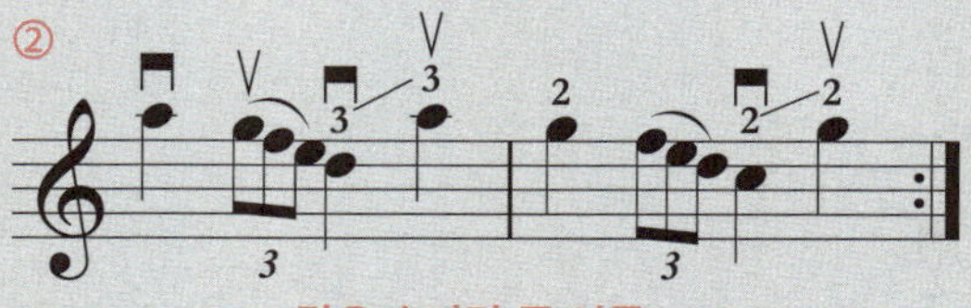

같은 손가락 줄 이동

3·4번 손가락 붙이기

③

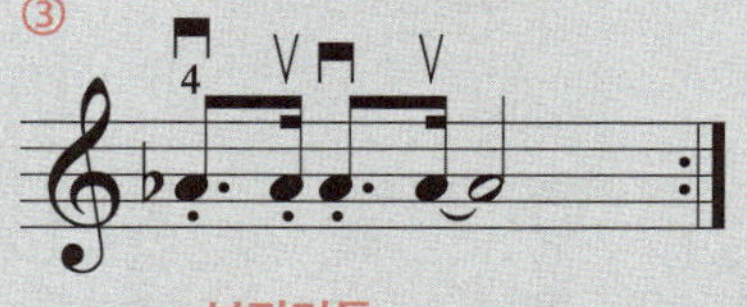

부점리듬

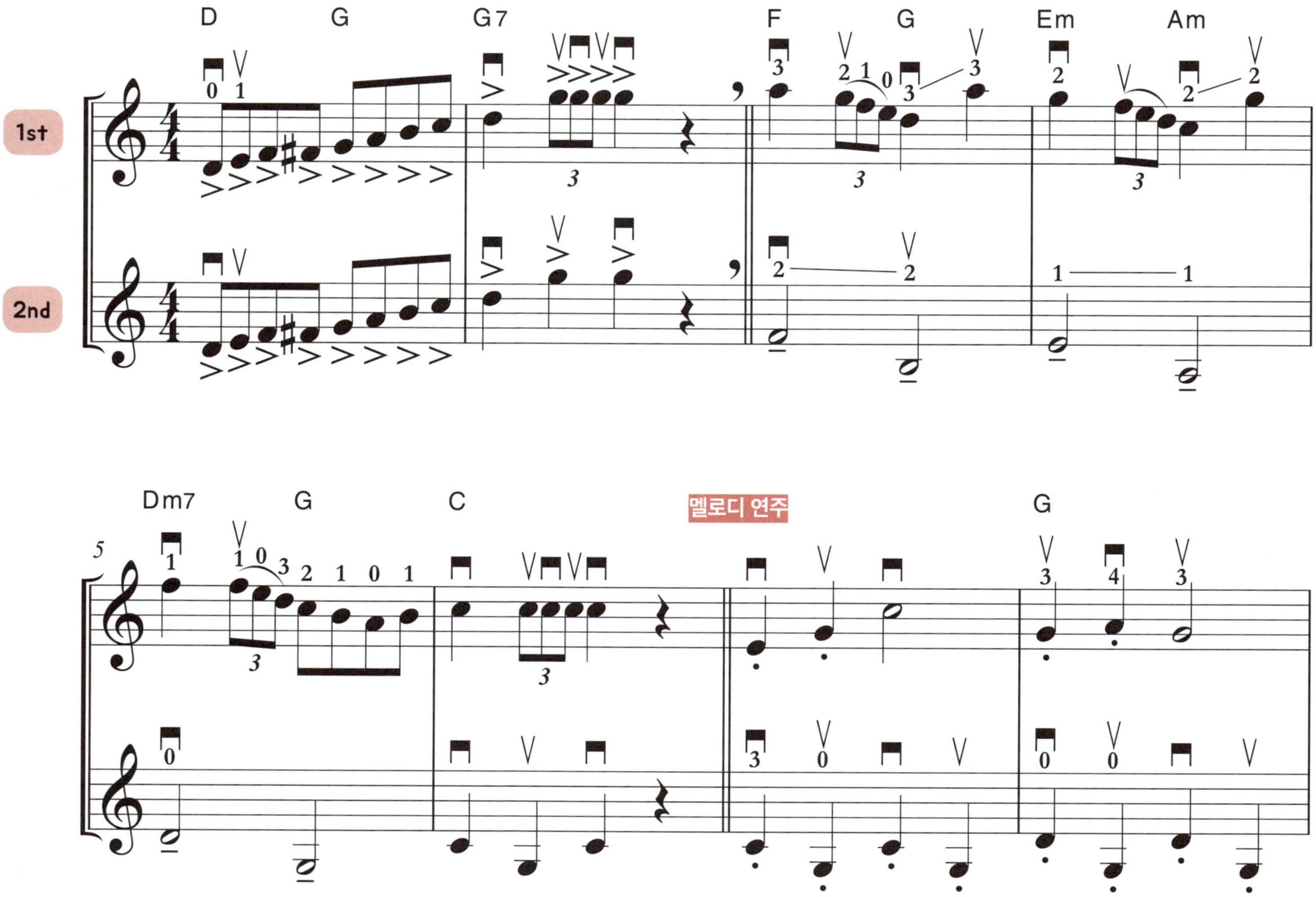

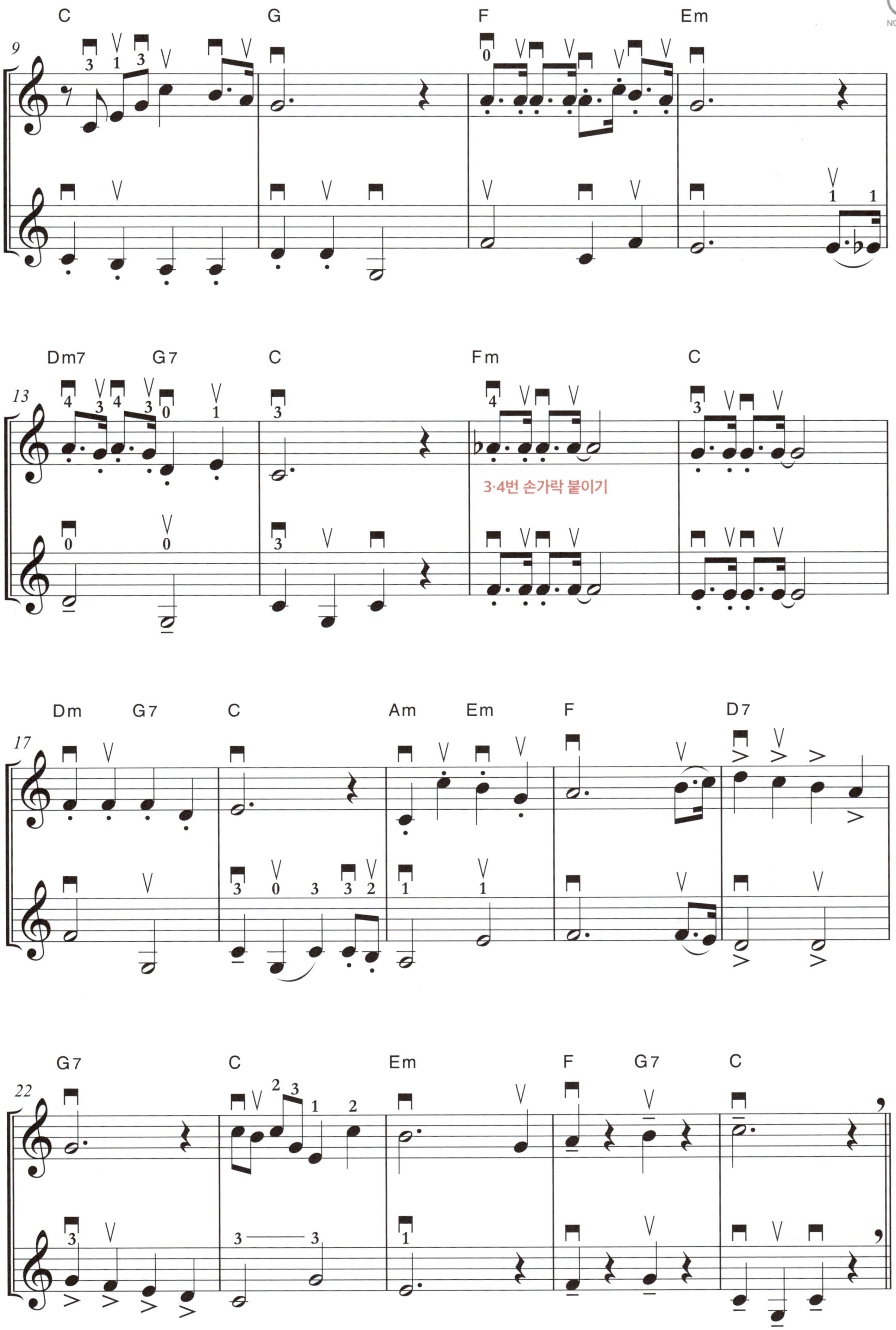
C G F Em
Dm7 G7 C Fm C
3·4번 손가락 붙이기
Dm G7 C Am Em F D7
G7 C Em F G7 C

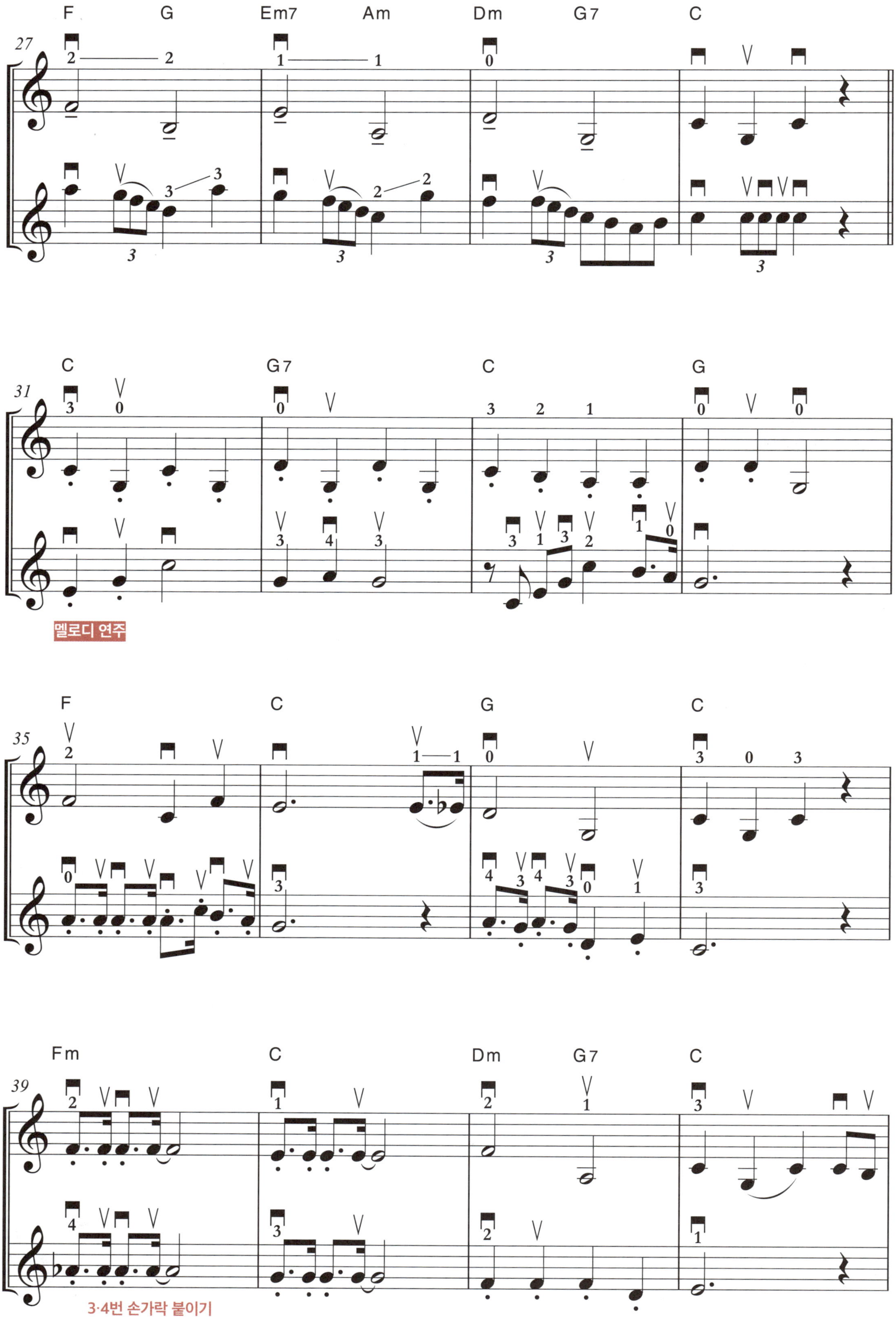
F G Em7 Am Dm G7 C
27
C G7 C G
31
멜로디 연주
F C G C
35
Fm C Dm G7 C
39
3·4번 손가락 붙이기

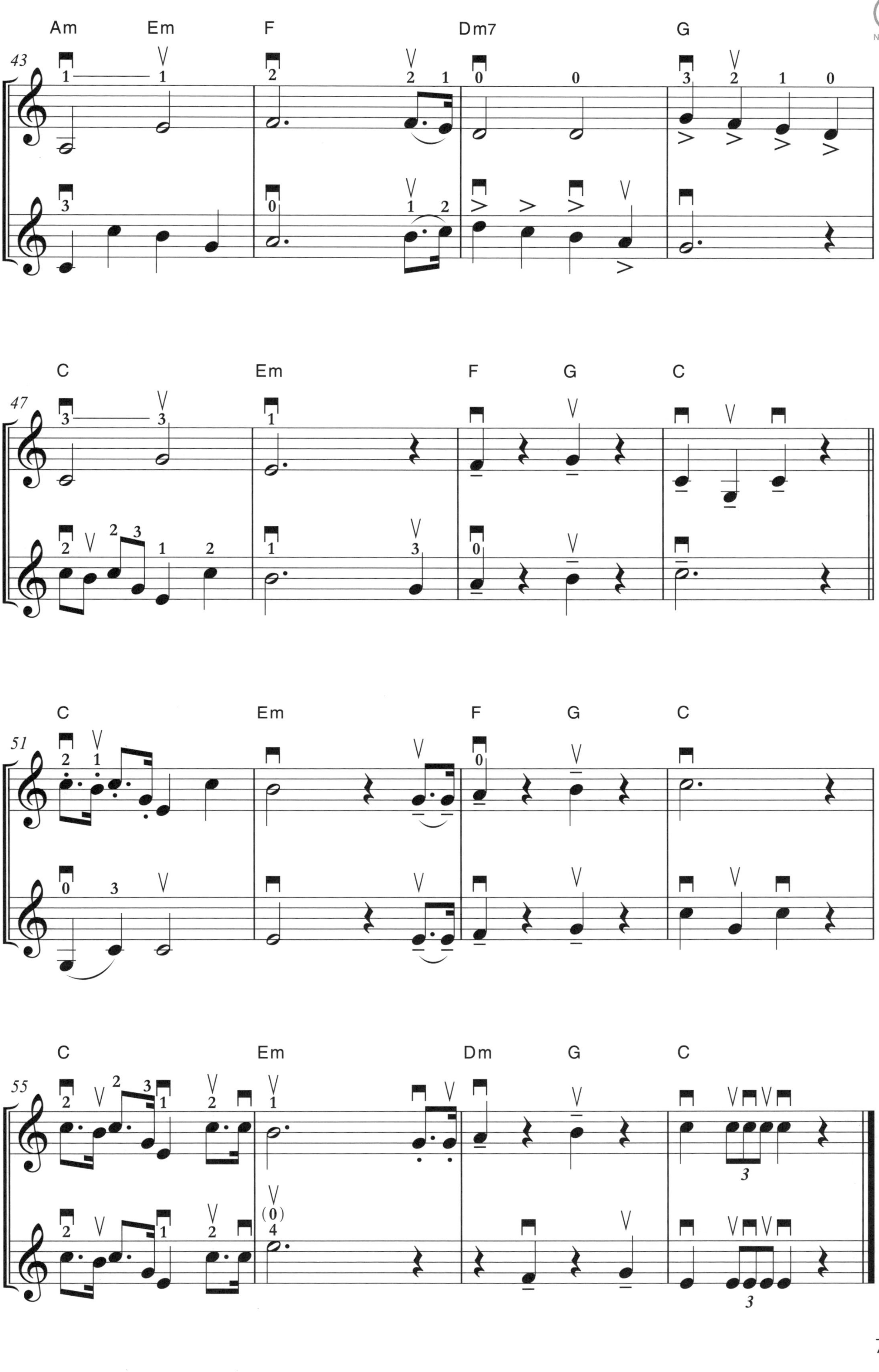
Am Em F Dm7 G
43
C Em F G C
47
C Em F G C
51
C Em Dm G C
55

하울의 움직이는 성 OST

세계의 약속

모범 연주

- 슬러(이음줄)를 지키면서 긴 활로 연주합니다.
- 1·2 바이올린이 멜로디를 서로 주고받으며 즐겁게 연주합니다.

Kimura Yumi 작곡

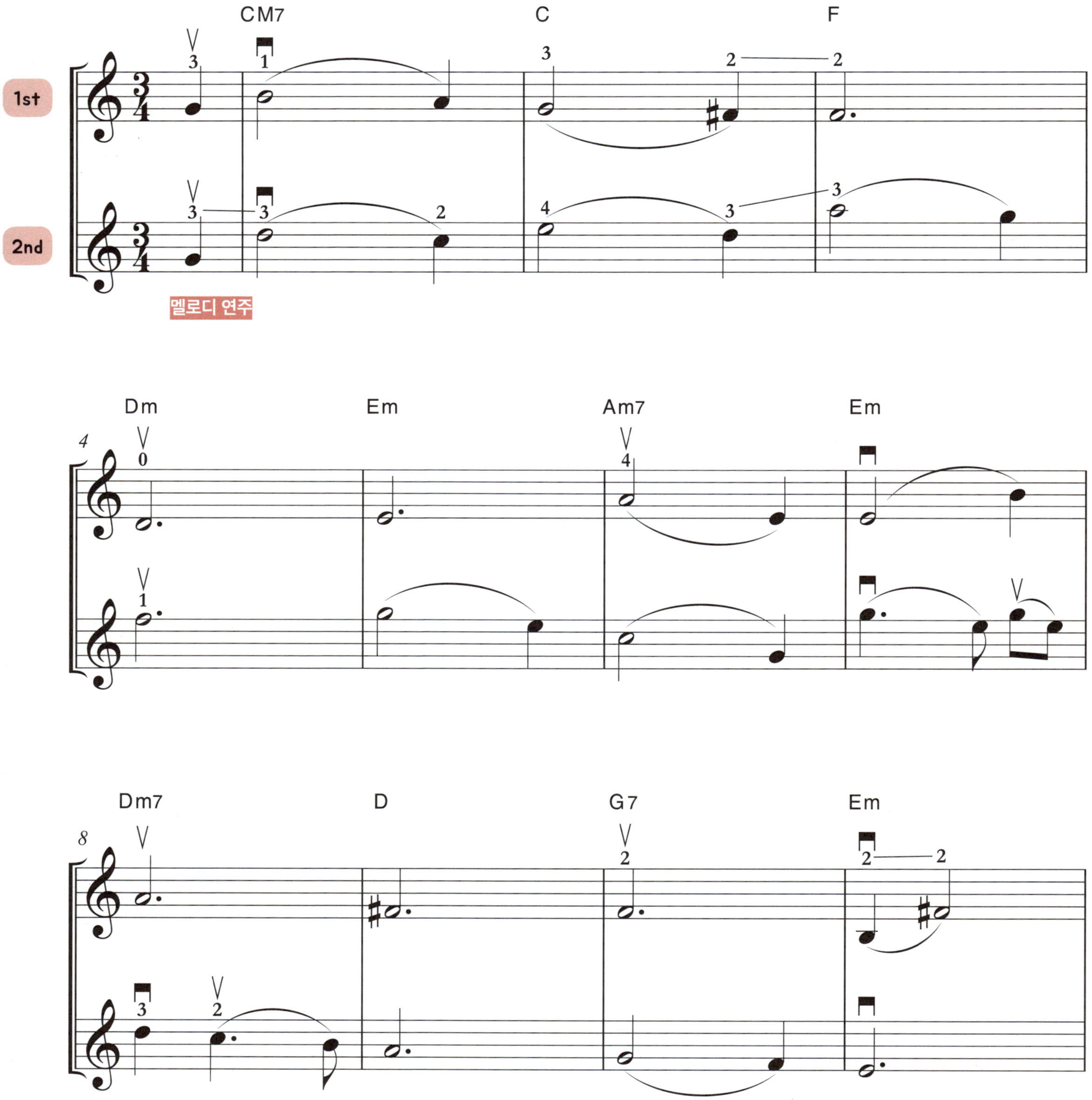

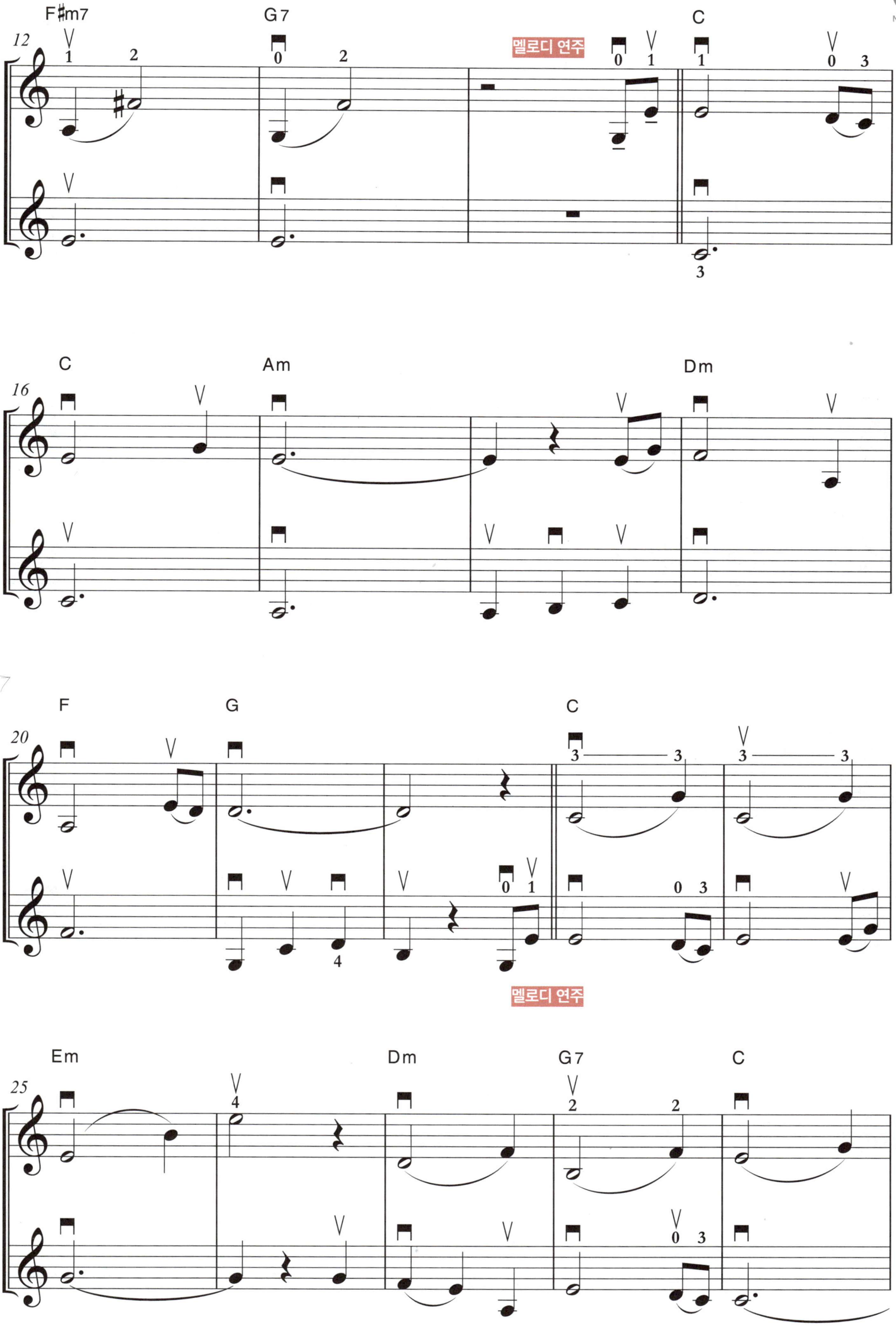
F♯m7
G7
멜로디 연주
C
C
Am
Dm
F
G
C
멜로디 연주
Em
Dm
G7
C

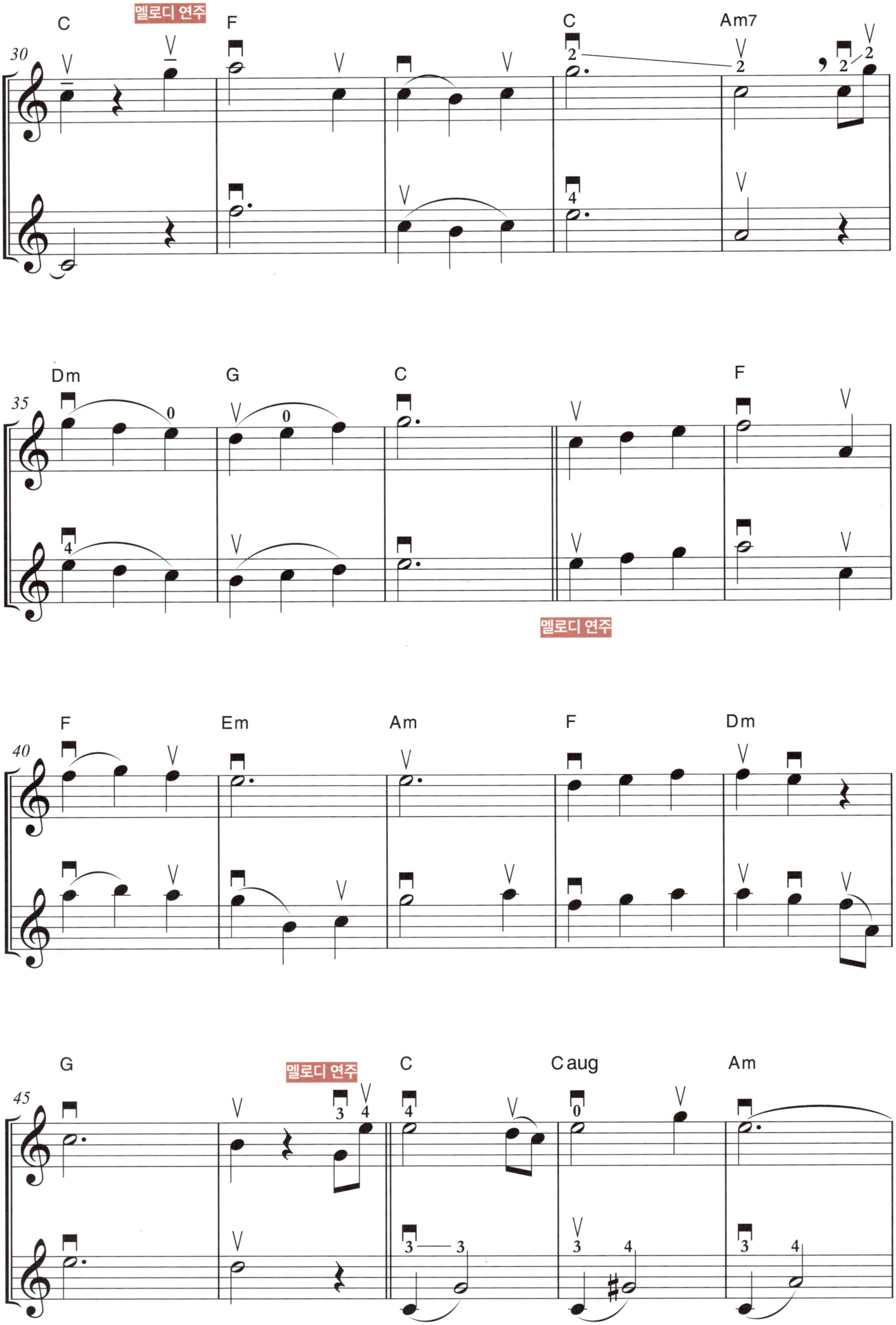
30
C
멜로디 연주
F
C
Am7
35
Dm
G
C
F
멜로디 연주
40
F
Em
Am
F
Dm
45
G
멜로디 연주
C
C aug
Am

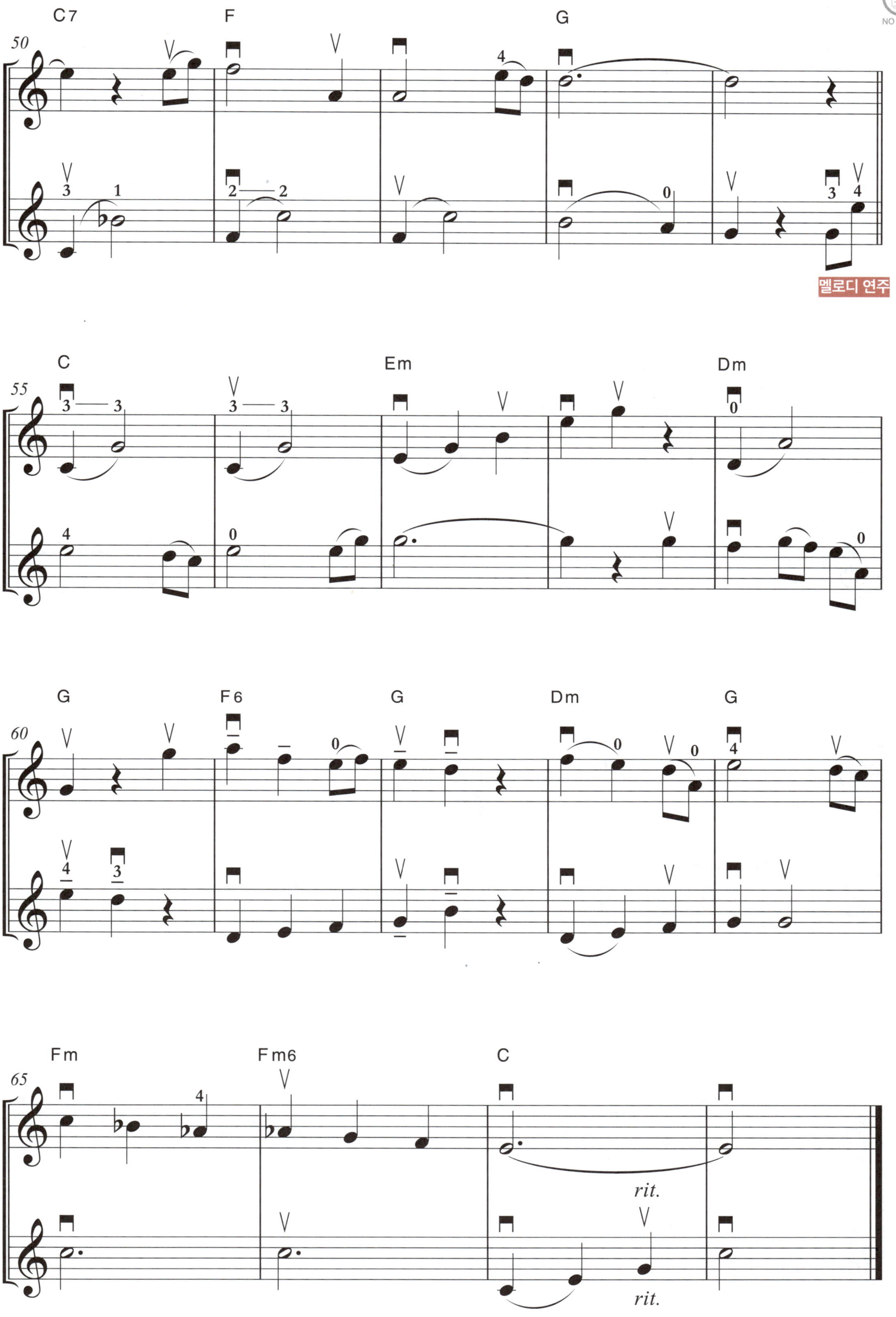
C7 F G
멜로디 연주
C Em Dm
G F6 G Dm G
Fm Fm6 C
rit.
rit.

벼랑 위의 포뇨 OST

모범 연주

벼랑 위의 포뇨

- 당김음 리듬을 지켜 연주합니다.
- 1·2 파트가 pizz.(손가락으로 연주)와 arco(활로 연주)를 바꿔가며 박자에 맞춰 연주합니다.

Hisaishi Joe 작곡

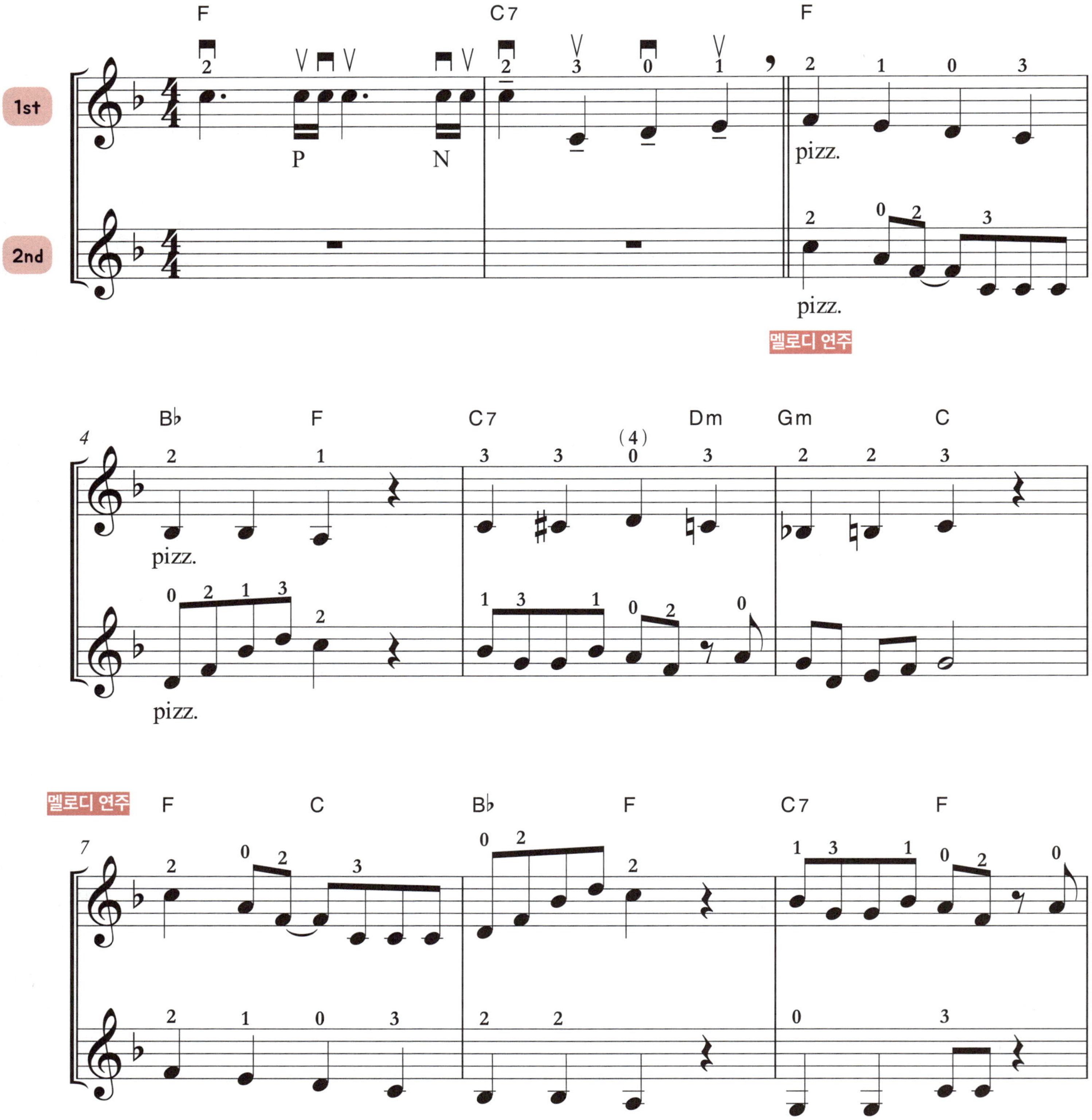

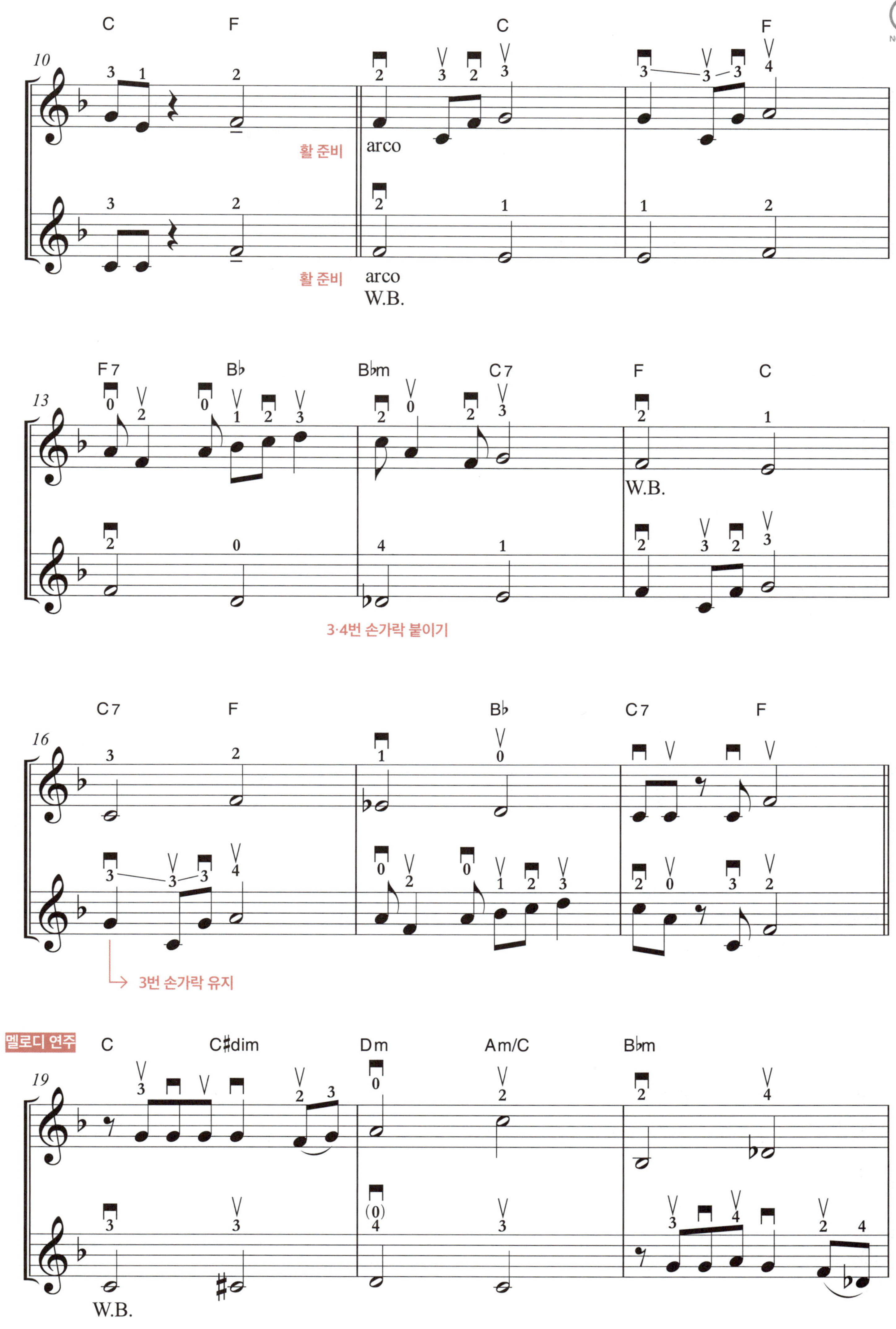
C F C F
10
활 준비
arco
활 준비
arco
W.B.
F7 B♭ B♭m C7 F C
13
W.B.
3·4번 손가락 붙이기
C7 F B♭ C7 F
16
3번 손가락 유지
멜로디 연주
C C♯dim Dm Am/C B♭m
19
W.B.

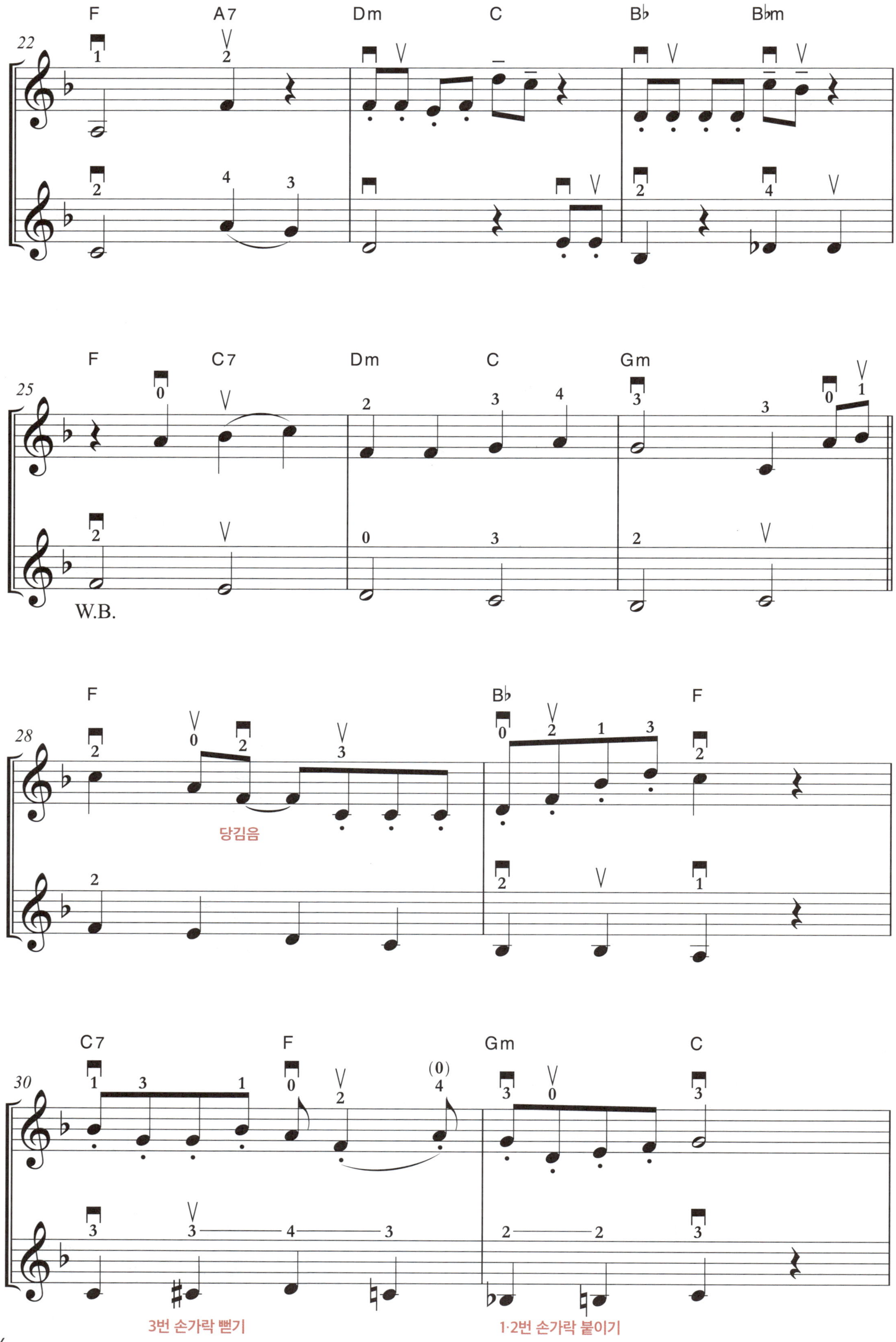
F
A7
Dm
C
B♭
B♭m
C7
Gm
W.B.
당김음
3번 손가락 뻗기
1·2번 손가락 붙이기

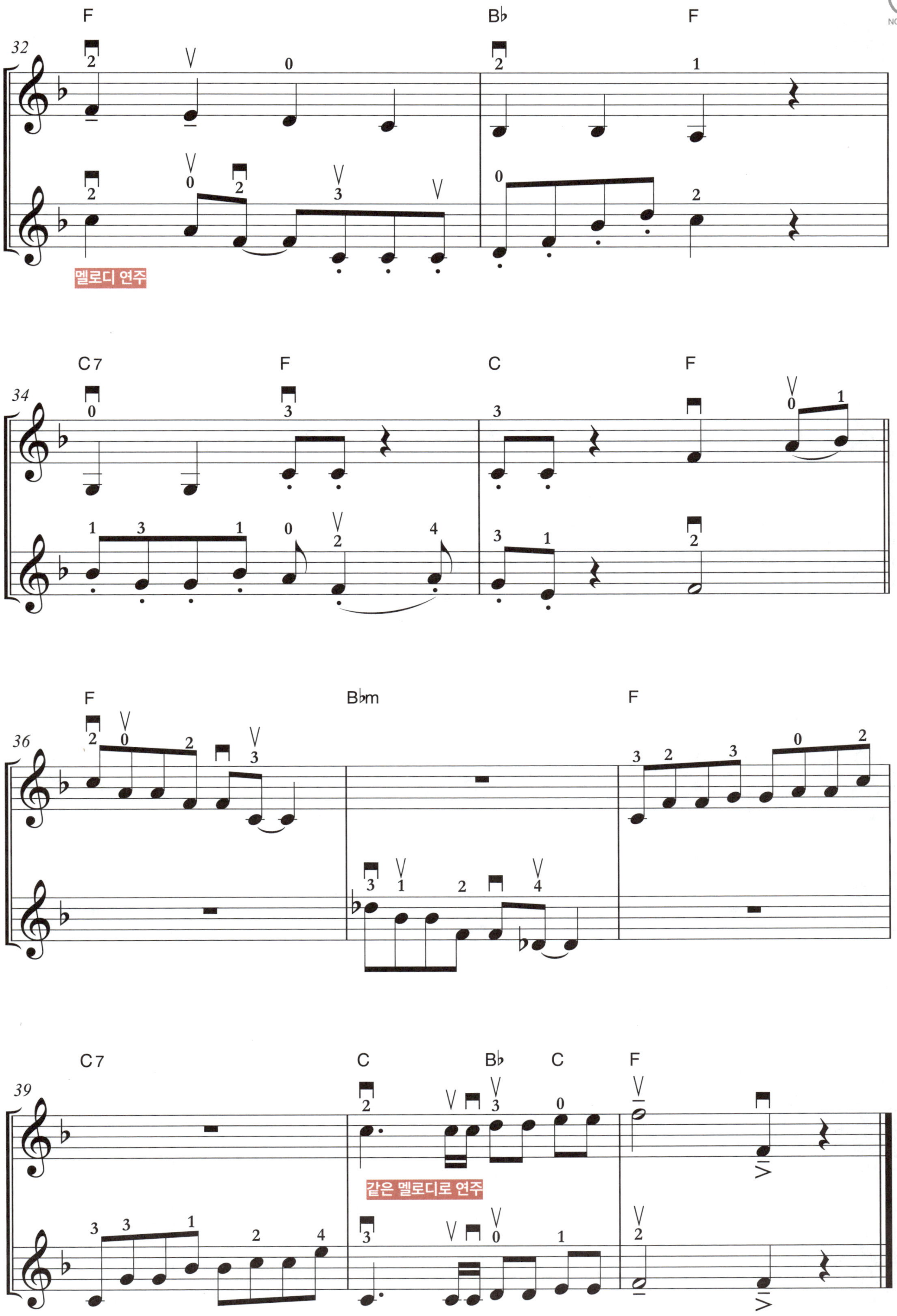
F
B♭
F
32
멜로디 연주
C7
F
C
F
34
F
B♭m
F
36
C7
C
B♭
C
F
39
같은 멜로디로 연주

모범 연주

하울의 움직이는 성 OST

인생의 회전목마

• 제 1·2 바이올린의 비중이 동일하게 편곡되어 있으므로 모두 독주자로 즐거운 연주가 가능합니다.

Hisaishi Joe 작곡

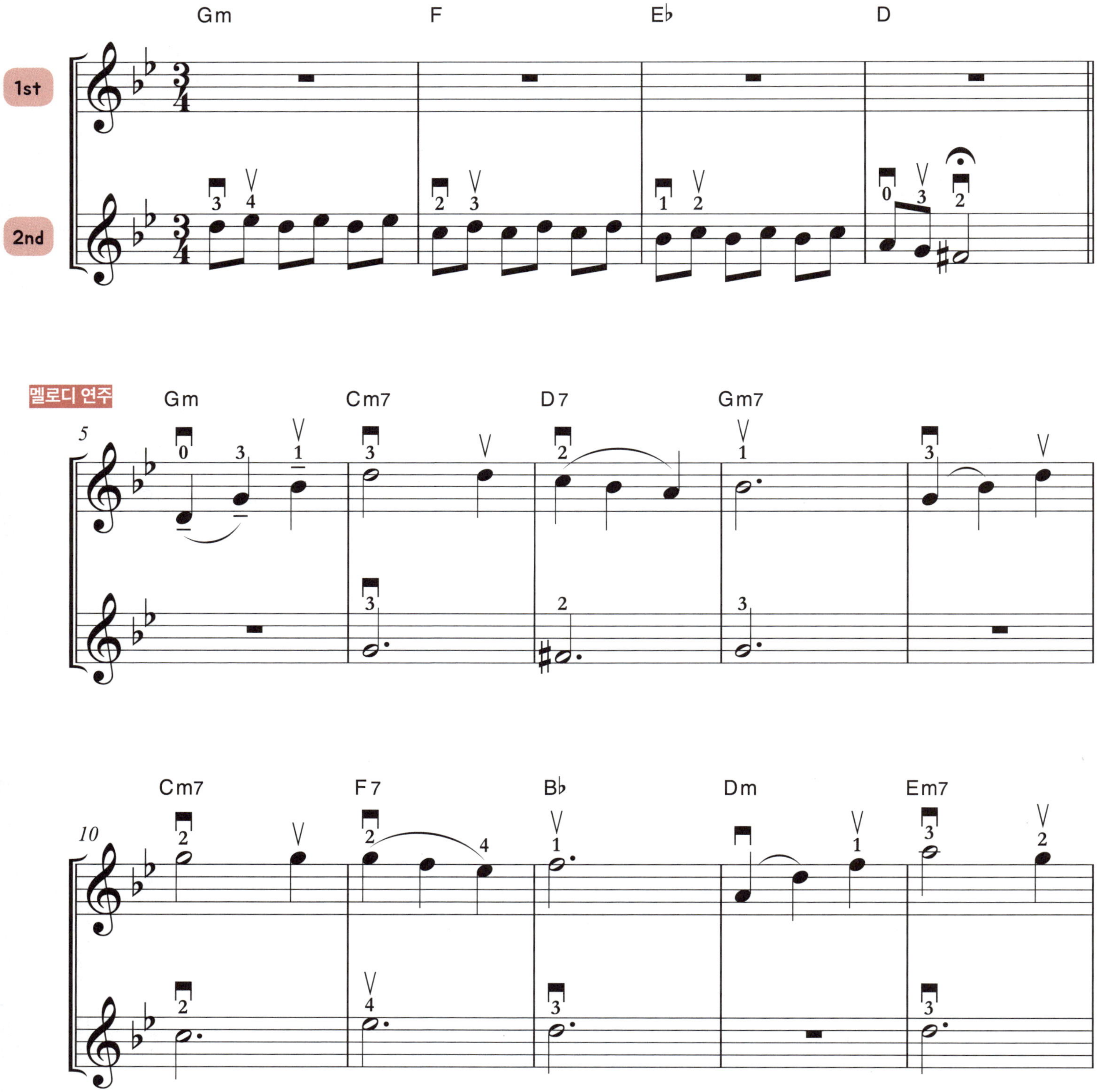

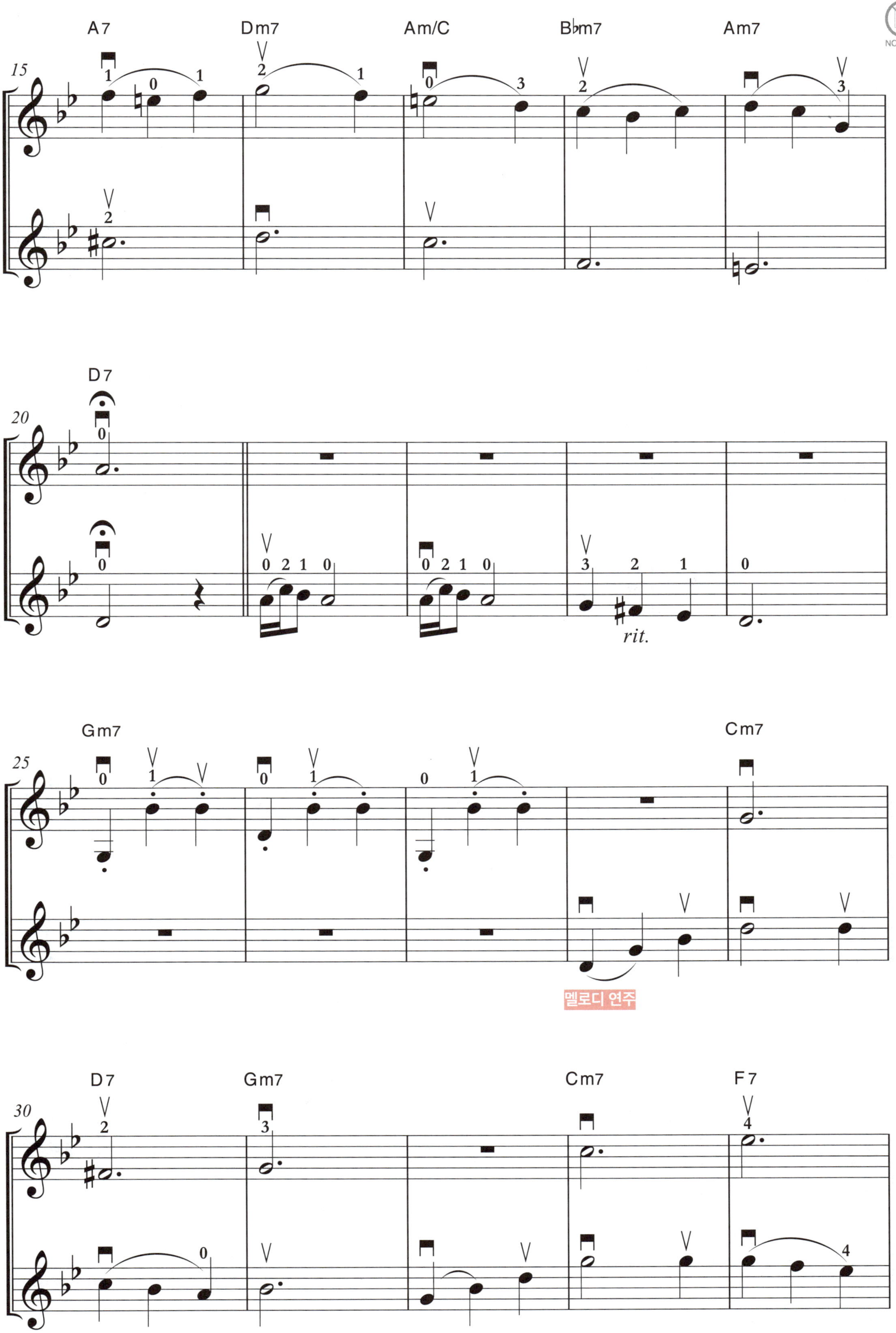
A7
Dm7
Am/C
B♭m7
Am7
D7
rit.
Gm7
Cm7
멜로디 연주
D7
Gm7
Cm7
F7

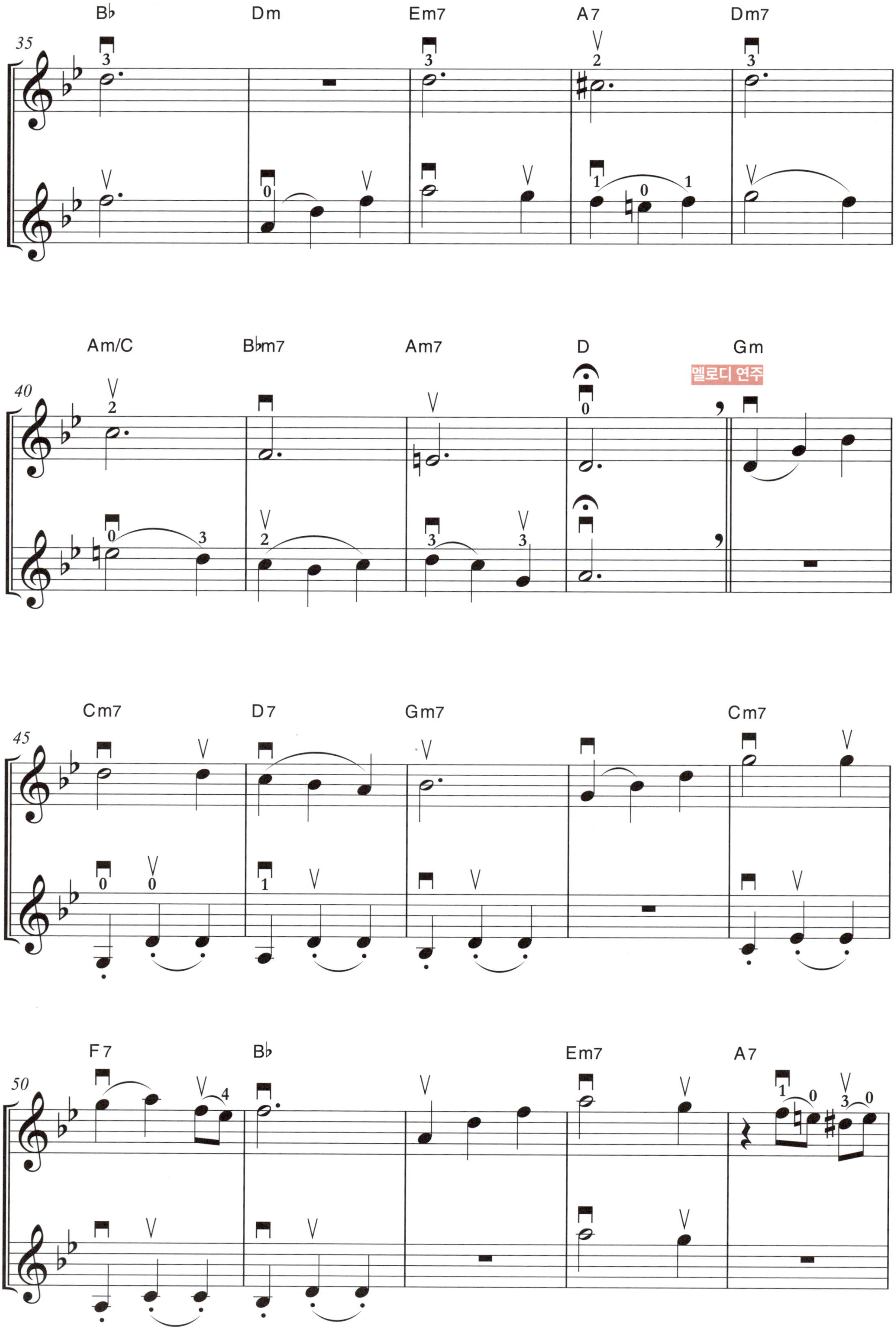

35
B♭
Dm
Em7
A7
Dm7
40
Am/C
B♭m7
Am7
D
Gm
멜로디 연주
45
Cm7
D7
Gm7
Cm7
50
F7
B♭
Em7
A7

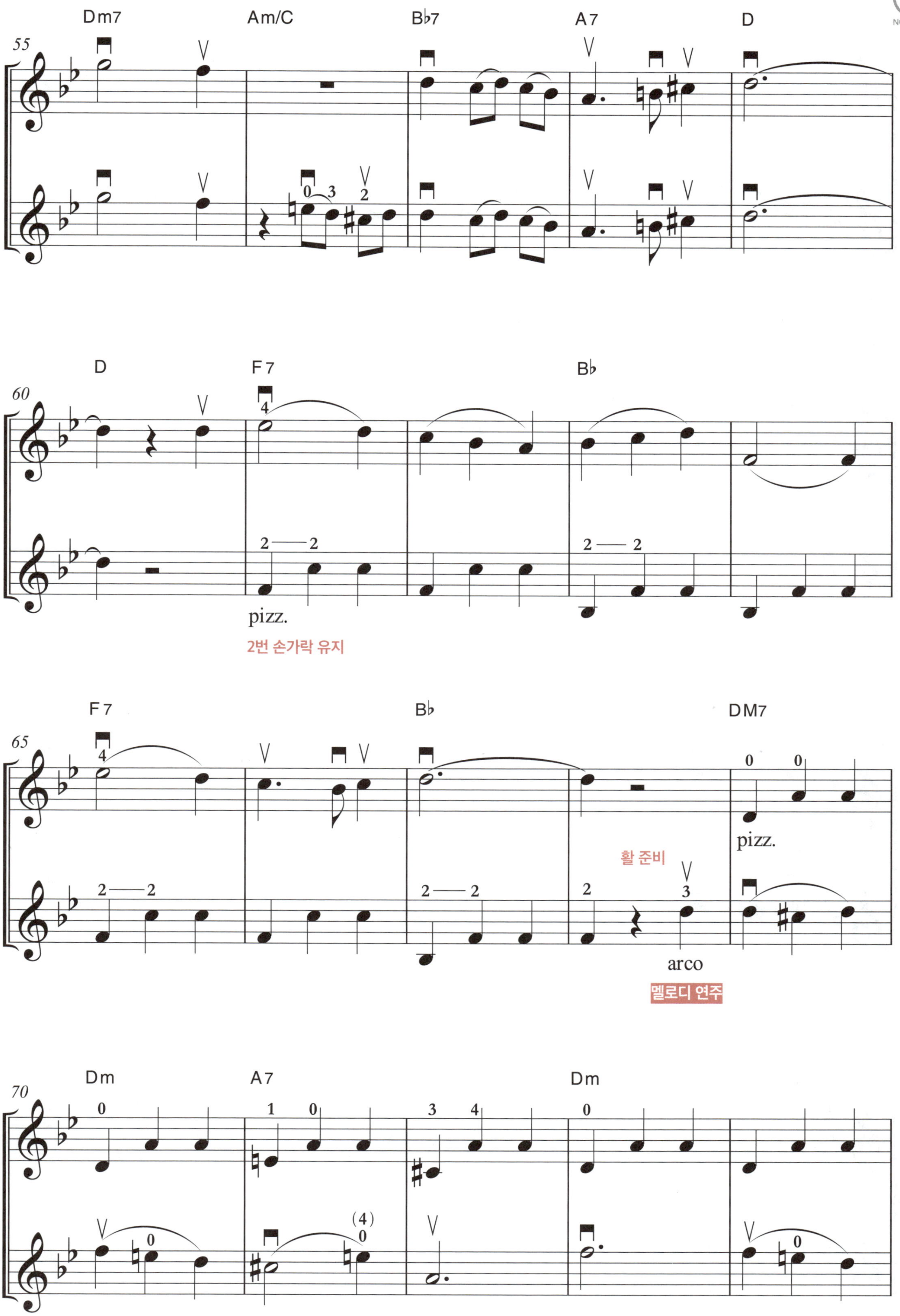
Dm7
Am/C
B♭7
A7
D
D
F7
B♭
pizz.
2번 손가락 유지
F7
B♭
DM7
pizz.
활 준비
arco
멜로디 연주
Dm
A7
Dm

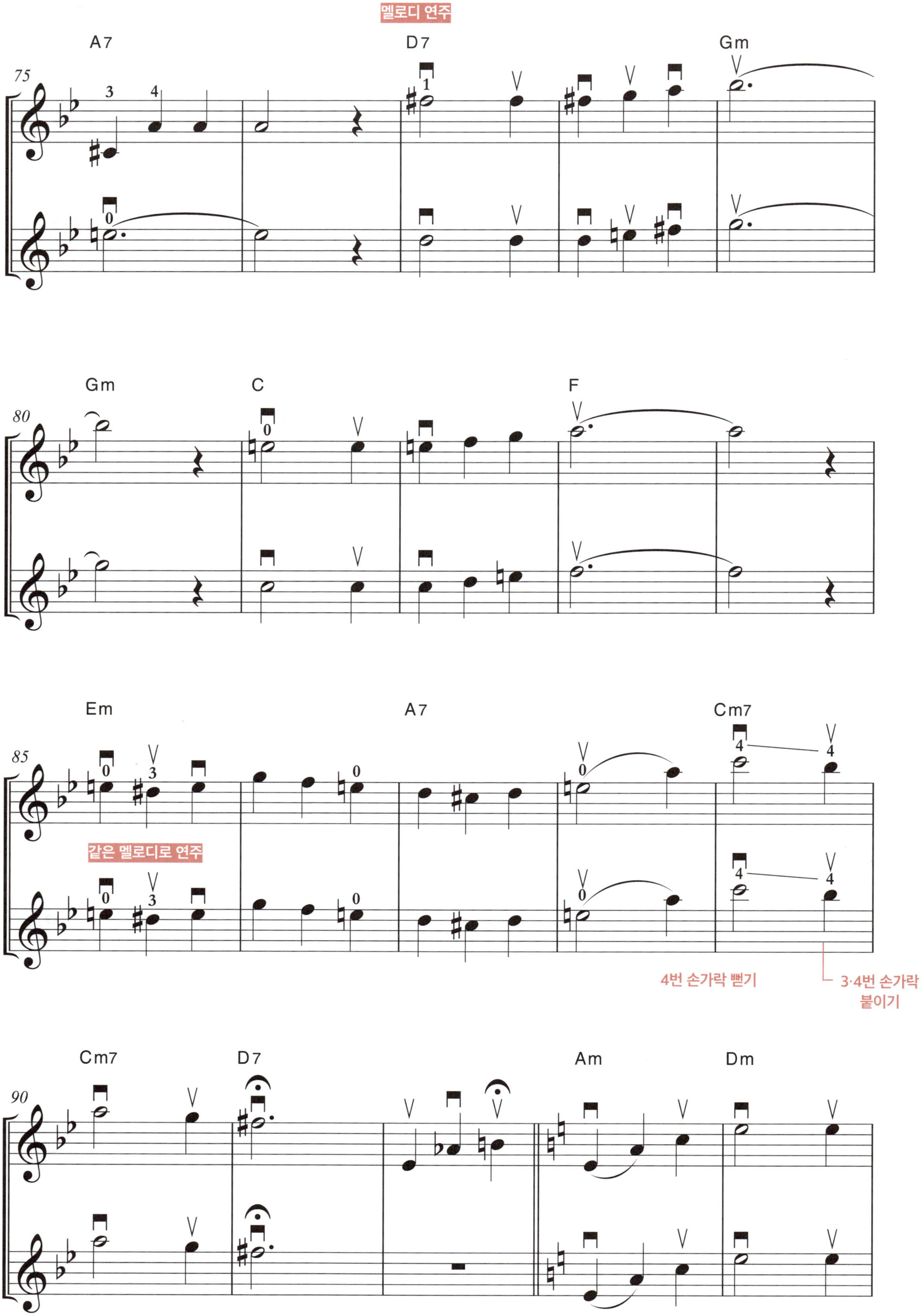
멜로디 연주
A7
D7
Gm
75
3
4
0
1
Gm
C
F
80
0
Em
A7
Cm7
85
0
3
4
같은 멜로디로 연주
4번 손가락 뻗기
3·4번 손가락 붙이기
Cm7
D7
Am
Dm
90

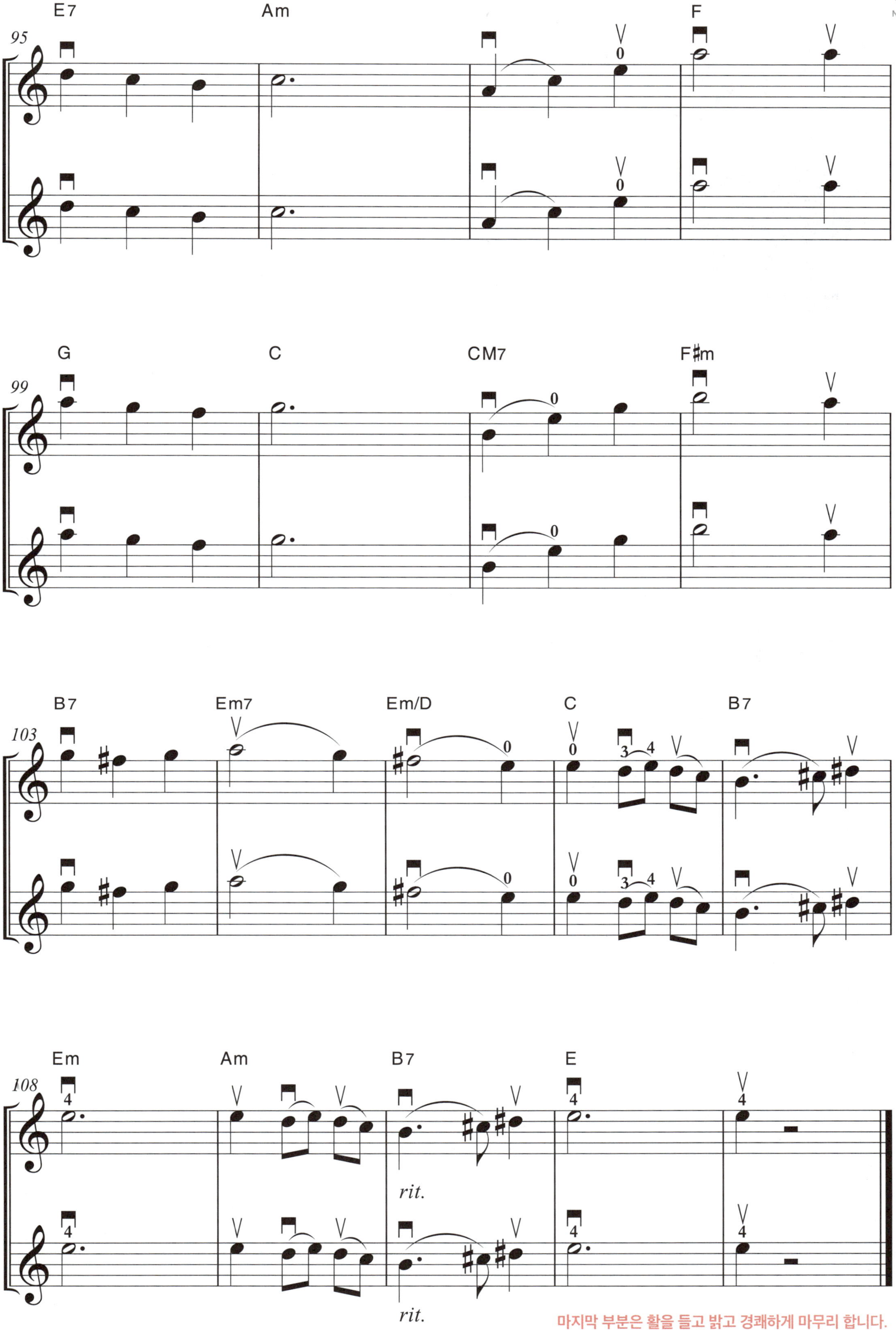

마지막 부분은 활을 들고 밝고 경쾌하게 마무리 합니다.

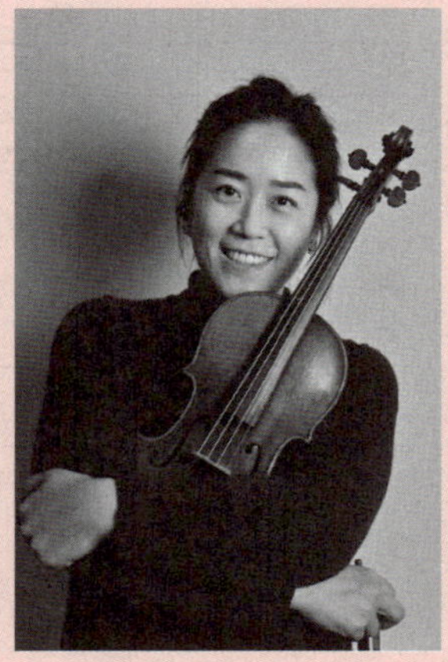

저자 조 미 카

러시아 노보시비르스크 글린카 국립음악원 연주학박사
신라대 일반대학원 문화예술경영학과 예술학 박사
브니엘예고, 부산예고, 신라대학교, 동의대학교 음악학과 외래교수 역임
신라대 대학원 문화예술경영학과 겸임교수 역임

現 Art Creative Group 'JAMGGUT' 잼꿋 리더
부산문화예술연구소 선임연구원
부산진구 청소년예술학교 강사
해설과 연주가 있는 미카의 클라식 렉처콘서트 진행

혼자서도 연주하기 쉬운

스튜디오 지브리

바이올린 연주곡집

발행일 2024년 7월 29일
저자 조미카

편집진행 황세빈 · **디자인** 김은경 · **사보** 전수아
마케팅 현석호 · **관리** 남영애, 김명희

발행처 (주)태림스코어
발행인 정상우
출판등록 2012년 6월 7일 제 313-2012-196호
주소 서울시 은평구 증산로 9길 32 (03496)
전화 02)333-3705 · **팩스** 02)333-3748

ISBN 979-11-5780-388-0-13670